中国企业出海的全球数据合规应对

朱碧云　郭雪菲◎主编

顾　　问：马忠法　徐永前
执行主编：赵中星
副 主 编：葛　颂　蔡开明　王学刚　白小莉　孙维伯　余慧英

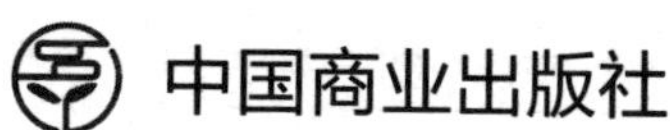
中国商业出版社

图书在版编目（CIP）数据

中国企业出海的全球数据合规应对 / 朱碧云，郭雪菲主编. -- 北京 : 中国商业出版社，2025. 7. -- ISBN 978-7-5208-3475-9

Ⅰ. D922.174

中国国家版本馆 CIP 数据核字第 2025V3N277 号

责任编辑：王　彦

中国商业出版社出版发行

（www.zgsycb.com　100053　北京广安门内报国寺1号）

总编室：010-63180647　编辑室：010-63033100

发行部：010-83120835/8286

新华书店经销

三河市金兆印刷装订有限公司印刷

*

710毫米×1000毫米　16开　印张13.5　220千字

2025年7月第1版　2025年7月第1次印刷

定价：88.00元

* * * * *

（如有印装质量问题可更换）

《中国企业出海的全球数据合规应对》编委会

1. 主编

朱碧云	朱碧云律师是北京大成律师事务所合伙人，专注于数据合规、数字经济、企业出海、外商投资和跨境交易等执业领域，长期服务全球 TMT 行业和新兴市场的国内外客户，在联动境内外服务、项目落地、实施兼具商业和法律可行性方案、专项事件应对等方面积累了多元和丰富的实务经验。朱律师先后毕业于中国政法大学和香港中文大学，分别取得法学学士学位和法律博士学位、法律专业资格证书。
郭雪菲	郭雪菲律师是北京大成（上海）律师事务所的执业律师，主要执业领域为数据安全和个人信息保护，包括对数据要素应用、数据产品开发和销售、数据资产入表和数据交易等项目进行合规评估和提供合规建议，公共数据授权使用，个人信息保护影响评估，数据出境风险评估，数据安全事件管理与应对等。郭律师曾为数据交易所、金融科技公司、全域营销公司、外资消费品公司、跨国工业企业、全球知名能源企业、车企和智能电子公司等提供法律服务。郭律师先后毕业于华东政法大学和加州大学伯克利分校。

2. 执行主编

赵中星	赵中星律师是北京大成律师事务所的合伙人，在数据合规领域有着丰富的实务经验，涵盖了个人信息保护体系搭建、跨境数据传输、企业上市数据合规方案、数据安全事件应对、数据资产交易等。赵律师尤其擅长为中国企业在多个国家联动设计和实施数据合规方案，为企业拓展全球市场提供务实高效的解决方案。赵律师多次被法律评级机构评选为数据保护领域的推荐律师。赵律师先后毕业于香港城市大学、香港中文大学、英国伦敦大学。

3. 顾问

马忠法　徐永前

4. 副主编

葛颂　蔡开明　王学刚　白小莉　孙维伯　余慧英

5. 编委会成员

本书编委会成员（排名不分先后）：

蔡克蒙　刘　骥　孙鹏程　潘　松　王　相　谢启钊　郭玉兰　曾　波　王章伟
王春阳　热熔冰　谢烨蔓　李明玥　王京鹤　郗　蕊　王　杰　谭正华　余英杰
江荣卿　刘　峰　江　苗　张建民　杨美琦　李　想　徐天成　向　丽　赵云虎
张喜东　马识博　曾　波　肖　飒　陈立彤　林声达　吴　瑕　闫丽萍　陈　福
罗　玲　陈昊东　阮东辉　盖　森　瞿　霞　朱永锐　郭一达　李　蕊　刘　倩
王海风　徐劭煊　杜中伟

6. 参编单位

联合国教科文组织协会世界联合会	联合国教科文组织协会世界联合会（WFUCA）是由全球100多个国家和地区的4000多家教科文组织俱乐部、协会及中心组成的国际网络，成立于1981年7月，总部设于法国巴黎。作为联合国教科文组织有正式伙伴关系的非政府组织，世界联合会以“于思想中筑造和平”为宗旨，致力于通过教育、科学、文化及传播项目推动全球公民参与可持续发展。
中国政法大学中欧法学院	中国政法大学中欧法学院由中国政府和欧盟于2008年设立，是中国首家也是目前唯一一家中外合作办学法学院。学院合作团队由3所中国高校和11所欧洲高校组成。十七年来，学院共培养近两千名中国学生与近两百名欧洲学生，为近一万名中国检察官、法官与律师提供欧盟司法制度培训，一千余名欧方政要、学者到学院授课、访问。

数据质量管理智库	数据质量管理智库（DQPro）致力于打造数据治理及数据质量交流平台，围绕数据质量管理、数据治理技术、数据要素增值与市场化、数据安全、数字经济等主题举办包括数据质量管理国际论坛（DQMIS）在内的论坛、峰会、公开课和培训，积极参与数据治理及数据要素市场化建设相关的标准制定和白皮书撰写，为行业发展数字经济献谋献策。
北京长亭科技有限公司	北京长亭科技有限公司是国际顶尖的智能网络安全公司之一，其全球首创、具有独立自主知识产权的智能语义分析技术大幅提升网络安全未知威胁的发现能力。面向数字时代的新型安全风险，长亭科技秉持“知攻善防，智能安全”的理念，通过新一代智能安全产品防护体系和专业的安全测试及咨询服务，已为超过 4000 家客户提供先进可靠的网络安全防护。
甘肃省联合国教科文组织协会	甘肃省联合国教科文组织协会成立于 2001 年，系联合国教科文组织协会世界联合会成员单位及项目执行机构，接受中国联合国教科文组织全国委员会的业务指导。协会积极响应并践行“一带一路”发展倡议，在“一带一路”沿线国家拥有丰富的民间国际资源，实施民生项目，讲述中国故事，促进民心相通。
大成数字业务中心	大成数字业务中心是北京大成律师事务所的数字化业务领域服务和专业一体化建设的平台，设有数个业务板块，包括：数据安全与个人信息保护、数据跨境传输、企业上市数据合规（含网络安全审查）、数据资产交易和数据要素化项目、汽车行业数据合规、AI 和算法监管、数据安全事件调查与应对。
大成合规与风险控制专业委员会	大成合规与风险控制专业委员会由专注于企业合规的律师团队组成，能够为企业提供一站式、高水平、创造性的法律服务，聚焦协助企业在企业法律事务信息化、智能化、数字化研发，协助企业对组织与制度体系、运行机制和文化建设等方面进行全流程合规管理，帮助企业预防和监测合规风险，推动企业合规数字化转型。

大成跨境投资与贸易专业委员会	大成跨境投资与贸易专业委员会服务覆盖多司法管辖地、语种和文化。其专业团队依托广泛全球网络提供“一站式”法律服务，业务全面专业，律师多语种且持多国执业资格。团队致力前沿研究，经验丰富，参与多部法规起草。在钱伯斯等多项榜单中，大成在海商海事、国际贸易、国际仲裁等领域多次上榜，在全球百强仲裁律所（GAR100）排名靠前。
大成知识产权与科技创新专业组	大成知识产权与科技创新专业组由主要从事知识产权与科技创新法律服务的律师团队组成，法律服务涵盖专利、商标、著作权、商业秘密、竞争与反垄断、通信媒体与科技、文化体育娱乐、数字化及数据（元宇宙和数据知识产权）、生命科学与医药卫生等相关专业和行业领域。

编者序

中国企业出海本身并不是一个新事物，在拓展全球市场的过程中，越来越多的企业已经意识到合规经营是一大前提，这包括了需要应对投资、贸易、当地运营、数据和隐私保护、税务、商业贿赂等一系列合规问题。多年以来，我们也一直陪伴着中国企业经历了“走出去”的艰辛和喜悦。

在这个背景下，也有了我们的写作缘起。写这本书的原因和动机都很简单，一是出于工作和专业积累的需要；二是在众多项目中，我们都没有先例或鲜有参考方案。因此，在梳理遇过的实践问题并总结我们的观察后，希望能够借此抛砖引玉，对从事数据合规工作的读者有所帮助，启发更多的思考；三是希望从已经发生的案例中吸取经验，避免走弯路或犯同样的错误；四是考虑到在中国企业出海的新趋势下，如何应对全球数据规则的爆发式发展、监管冲突和合规困境，已成为企业的热门需求，我们也希望通过本书分享一些研究方法和实操经验，提出一些不同的思考维度、洞察和观点，帮助企业理解全球立法和规则的发展，从而提前作出预判和应对。

立足现在，中国企业出海合规的新趋势之一是，近年来全球数据合规问题受到广泛重视，这既是全球商业经济自身发展的规律，也得益于各国把个人信息保护乃至数据监管和网络安全提升到了一个新高度，同时是企业出海面临的新挑战。和这一点相伴的另一个新趋势是，在企业出海合规的法律服务方面，已逐渐由以往以境外律师为主导的方式发展为主要由中国律师主导的模式，这就对中国律师提出了更高的要求，中国律师不能再停留在研究规则和对法律规定的解读层面，必然需要延伸到更多实务触点，包括各类型项目的当地实操经验、落地方案和洞察。

从事数据合规工作的同人普遍都是从学习和研判法律规定入手，然后根据规定梳理各自业务场景中需要满足的要求和应该采取的行动。在这个过程中，相信大家都会面临着一个共性的难题，就是“知易行难”的合规困境——理论和实践之间隔着一道鸿沟。如何应对和克服这些困难，如果不是亲身体验，很难理解个中的曲折和艰难。

放眼未来，全球对数据合规的理解将不仅停留在个人信息和隐私保护的层面，还会趋于全方位监管，并且兼顾发展和安全的平衡。这意味着未来全球各国的数据立法和监管会呈现爆炸式增长的态势，企业的合规工作将继续面临更多的挑战。因此，提炼共性、总结经验、弥合理论和实践之间的鸿沟，对全球数据合规工作而言至关重要。我们在本书中对实务问题的梳理、总结和观察，不仅可以为类似项目提供经验参考，也将有助于大家对国外的立法和规则形成更全面和深刻的理解，从而作出更具前瞻性的预判和应对。

正是在过去数年的项目中经历了这样那样的问题，体验了从发现问题到解决问题过程中的曲折，也感受了应对变革和挑战时的艰难和信心，这促使我们萌发了写一本专著总结相关实务经验和观点的想法。我们希望将本书分享给开展出海业务，企业的数据合规官、法务、业务人员、技术和信息安全人员，以及从事数据合规或对此领域感兴趣的律师和法律行业其他从业人员。

本书的顾问、各参编单位和编委会成员对我们写作本书提供了大力的支持和宝贵的意见，也让我们更加坚定了继续陪伴中国企业扬帆出海和应对各种挑战的信心，在此我们也对他们表示诚挚的感谢。

主编团队

2025 年 5 月于中国北京

目录

1.引　言

1.1　关于这本书的体例和特点

秉持前面所说的初衷，我们从一开始就确定了这本书需要有自己的格局和写法，这样既能完成知识积累和专业交流的使命，又能传递照进现实和启发思考的阳光。

得益于大家对数据合规领域的重视，目前市面上数据合规题材的文章和书籍非常多，大家在研究时可以很容易就能从中找到某方面的规定和参考素材。同时，我们也发现这些文章和书籍大多侧重对规则的总结、介绍、描述和解读，以及对行动方案或应对措施的列举，优点是体系完整，让人可以很快掌握规则的全貌和内容，但问题往往是，当需要应用到真实场景中时，很容易落入“一看都会，一做就废”的困境，而且规则的更新速度太快了，停留在规则介绍的层面很快就会“不够用”或者“过时”。

本书共有 15 章，以全球数据监管趋势为起点，以方法论为指导，从全球架构设计出发，衔接数据主体权利响应、数据安全事件响应、监管机构问询和调查应对等出海企业面临的常见问题，并聚焦新能源汽车、游戏 App、智能电子产品等行业出海的实践，整体既有全球趋势又有方法论，既包括专业维度又有行业视角。另外，鉴于篇幅、保密和实践样本成熟度等原因，有些出海热门的行业（例如，光伏、太阳能、大模型等行业）暂未在本书中涉及。

由此可见，相较于对规则进行体系介绍，这本书更侧重于分享实务问题和探讨在实际场景中如何开展全球数据合规工作；相较于提供制式的文件清单或模板工具，我们更关注在面对快速更迭的规则时如何预判和开展合规工作的方法论。此外，相较于数据合规应该做什么这一核心问题，我们更愿意聚焦讨论不同做法的可能性以及为什么要这么做。我们相信这种聚焦实践问题的体例和方式，更能引起读者共鸣，对于实务工作指导也更有意义。

我们希望这本书可以让各行各业不同背景的读者都能读得进去、读得有趣味，所以在本书的语言风格方面，除非是法律说理必要的内容，我们都会尽量使用平实和生动的表达。

1.2 关于本书中的案例和示例

本书的案例和示例都经过了精心挑选和设计，而且读者可以放心的是，这些案例都是基于实务的土壤引申而来，并不是凭空想象，每个案例和示例都聚焦了我们希望带出的观点和建议。

案例选择在这本书中的构思中占有很重的分量。一方面，我们认为以案例为出发点展开探讨，是弥合法律规定与实践之间鸿沟的最好方式。另一方面，我们认为以特定问题为出发点，辅以例子说明，对于实践工作具有很强的指导意义和可操作性。这是考虑到每个人的数据合规实践都受到所处行业和所在岗位的局限，都是以有限的经验和资源在应对和解决数据合规问题，如果只从自身实践工作中积累经验，显然无法有效应对各种新的问题。这就需要从各行各业先例中提炼出可普遍适用的经验和观点，对可能发生的问题做到有可预见性和前瞻性，再将别人的成功经验用于各自的场景中。

为了使读者更好地理解书中提到的例子，我们简要说明一下书中的三类案例。

第一类属于真实案例，这些案例从公开信息都可以查到，而且在业内有较大影响，我们引用这类案例时不再提及具体的主体名称和案例基本事实，而是希望把焦点放在这些案例如何影响具体的数据合规工作上。

第二类是在各行业的企业出海过程中遇到的问题，以及在各类型涉及出海的会议、论坛和沙龙活动中讨论到的问题。基于这些问题，我们对事实部分进行补充和调整，形成本书中的示例和假设场景。这样做的好处是更便于生动地说明出海企业关注的问题和聚焦对这些问题的思考，同时避免指向具体的企业或项目。

第三类是反映各行业数据合规工作的前沿问题，这些问题有的只是提出来了，有的有过初步讨论和操作。这些问题的应对在方法上仍处于探索阶段，还没形成比较成熟的做法，所以这一类问题在书中仅以提问的方式带出来，未展开讨论，有兴趣的读者可自行展开研究。

2.全球数据监管趋势的观察与思考

既然是讨论中国企业出海的全球数据合规应对，那就有必要对全球数据监管的趋势有所了解，并据此制定企业层面的应对策略。

在讨论全球趋势前，我们还是从基本概念的定义和其外延入手。为了便于讨论，我们以狭义和广义的数据概念来描述全球的立法和监管趋势。狭义的角度是指基于个人信息和隐私保护的角度来进行描述，而广义的角度是指数据作为一种新型生产要素，如何通过系统治理和合理使用，支持数字经济的发展和国家竞争力的提升。

那么为何全球各国需要频繁在这个领域立法呢？答案很明显，一是需要应对这个领域的活动可能带来的风险和威胁，二是对科技发展的监管与规制。

2.1 全球主要国家和地区的数据立法统计

按照上述广义和狭义的数据立法监管思路进行统计，可以得出不同的统计结果，这些统计数据有助于大家从不同层面认识和理解全球的数据立法趋势。

根据国际隐私专业协会（IAPP）研究团队 2025 年公布的数据，全球有 144 个国家制定通过了数据和隐私保护法律[①]，在 2024 下半年通过隐私保护法律的国家包括喀麦隆、埃塞俄比亚、马拉维、摩尔多瓦共和国和梵蒂冈。IAPP 采取的统计口径就是狭义的数据保护，聚焦在个人信息保护和隐私保护法律上。采用类似统计口径的还有 Statista，其统计表示，全球有 71% 的国家已制定了隐私保护法律，9% 的国家已有隐私保护的法律草案，未制定任何法律和草案的国家占比

① Aly Apacible-Bernardo and Kayla Bushey. Data protection and privacy laws now in effect in 144 countries [EB/OL]. International Association of Privacy Professionals. (2025-01-28)[2025-05-03]. https：//iapp.org/news/a/data-protection-and-privacy-laws-now-in-effect-in-144-countries/.

为 15%[②]。

采取广义口径进行数据立法统计的机构包括联合国贸易和发展会议（UNCTAD，简称“贸发会议”）的全球网络法跟踪工具（Global Cyberlaw Tracker）。贸发会议在统计中不仅关注全球隐私立法的更新情况，还分别统计电子商务法、网络犯罪法律和消费者保护法律的全球立法情况。从统计的维度观察，可以清晰看到贸发会议采取了更为整体的观点来看待数据和隐私保护这一题目。

在个人信息和隐私保护立法，贸发会议和 Statista 得出的统计结果相同，均是 71%。贸发会议统计数据显示，全球 81% 的国家已有电子商务立法，80% 的国家已制定与网络犯罪有关的法律。

本书在讨论具体问题时，兼顾了狭义和广义的“数据保护立法”这一概念，既包括具体国家个人信息保护立法的讨论，也有基于广义的数据合规概念的示例探讨，力争突出实操重点，理论上的分类反而是次要的考虑。

2.2 对监管趋势的几点观察

从上述的统计数据来看，全球各国对于数据监管议题的必要性的认识空前一致，也都纷纷采取了行动。个人信息和隐私保护固然重要，但这仅是各国数据监管蓝图中的一块拼图，并不代表全貌。从全球主要经济体的政策和数据相关立法来看，各国均是综合考虑如何在平衡安全、产业发展、数据自由流动和个人信息保护之间取得平衡。

前几年在讨论不同国家立法和监管特点时，大家可能听过，有的观点会说欧盟属于以权力为基础的立法模式，中国是侧重安全的立法模式，而美国更侧重于数据自由流动的监管思路，但这种总结只是之前进行比较时的方便说法，现在看来这些说法过于概括和简化，未能全面反映各国对于数据监管的趋势走向。

全面正确理解政策趋势非常重要，让我们以欧盟为例展开讨论。除了大家熟

② Statista. Share of countries worldwide having active data privacy legislation in place [EB/OL]. (2024-06) [2025-05-03]. https://www.statista.com/statistics/1558960/countries-with-active-data-privacy-law/.

悉的欧盟《通用数据保护条例》(GDPR)，欧盟在2020年公布了欧盟数据战略[③]，旨在确保欧盟的数据主权以及在全球市场的竞争力，实现这一战略目标的措施包括采取立法行动，增加数字基础设施的投资，以及促进企业间和企业与政府间的数据共享。除了在全球追求主导地位的数据战略，欧盟也同等重视网络和数据安全议题，在数据战略之外还制定了网络安全战略，包括近年来颁布的加强关键基础设施保护的（EU）2022/2557指令[④]、网络和信息系统条例（NIS2）[⑤]、欧盟网络安全法（Cybersecurity Act）[⑥]和欧盟网络弹性法（Cyber Resilience Act）[⑦]，均反映了网络安全应对在欧盟政策中处于高优先级事项。此外，欧盟也看到，除了数据活动自身的监管，在数字经济业态中，平台主体、业务类型、竞争规制等方面与数据监管的实际上也是密不可分的，所以也相应出台了数字市场法（DMA）[⑧]和数字服务法（DSA）[⑨]。

分析至此，已不难看出，欧盟对于数据监管有着整体规划和清晰目标，这就不得不促使我们思考，以保障权利为基础的概括形容似乎不足以准确反映欧盟整体政策、立法和监管趋势。虽然欧盟在阐述其政策考量和战略时的表述方式不同，但这也是一种统领全局的逻辑，涵盖了网络安全、个人信息保护、数字经济发展和产业促进的方方面面。

又正如本书接下来两个小节所述，我们可以看到在历届G20峰会中各国是

③ 欧盟数据战略介绍请见A European strategy for data：https：//digital-strategy.ec.europa.eu/en/policies/strategy-data。欧盟数据战略全文请见A European strategy for data：https：//eur-lex.europa.eu/legal-content/EN/TXT/？ uri=CELEX%3A52020DC0066。

④ (EU)2022/2557指令全文请见The Critical Entities Resilience Directive (“CER Directive”, Directive (EU) 2022/2557)：https：//eur-lex.europa.eu/eli/dir/2022/2557/oj/。该指令废除了2008/114/EC指令(2008年欧洲关键基础设施指令)。

⑤ 网络和信息系统条例全文请见Network and Information Security Directive (“NIS 2 Directive”, Directive (EU)2022/2555)：https：//eur-lex.europa.eu/eli/dir/2022/2555/oj/eng。

⑥ 欧盟网络安全法全文请见The Cybersecurity Act (Regulation (EU)2019/881)：https：//eur-lex.europa.eu/legal-content/EN/TXT/？ uri=celex%3A32019R0881。

⑦ 欧盟网络弹性法全文请见The Cyber Resilience Act (Regulation (EU)2024/2847)：https：//eur-lex.europa.eu/eli/reg/2024/2847/oj/eng。

⑧ 数字市场法全文请见The Digital Markets Act (“DMA”, Regulation (EU)2022/1925)：https：//eur-lex.europa.eu/eli/reg/2022/1925/oj。

⑨ 数字服务法全文请见The Digital Services Act (“DSA”, Regulation (EU)2022/2065)：https：//eur-lex.europa.eu/eli/reg/2022/2065/oj/eng。

如何就数字经济议题各有侧重的阐述自身的考虑和价值追求，也可以看到各国在贸易协议中，是如何在电子商务和服务贸易的大背景下更全方位审视数据流通和数字化这些议题。

2.3 G20[⑩] 峰会的数字经济议题

2.3.1 G20峰会关于数字经济议题的统计表——2016年至2024年[⑪]

年份	举办地点	峰会主题	数字经济议题摘要
2016	中国杭州[⑫]	构建创新、活力、联动、包容的世界经济	杭州峰会首次将“数字经济”列为G20的一项重要议题[⑬]，通过了《G20数字经济发展与合作倡议》，这是全球首个由多国领导人共同签署的数字经济政策文件，首次在二十国集团中对数字经济提出了明确的定义[⑭]，并提出了创新、伙伴关系、协同、灵活、包容、开放和有利的商业环境、注重信任和安全的信息流动等七大原则[⑮]

⑩ 二十国集团(G20)由七国集团财长会议于1999年倡议成立，最初为财长和央行行长会议机制。2008年国际金融危机爆发，当年11月于美国华盛顿召开第一次领导人峰会。2009年9月举行的匹兹堡峰会将G20确定为国际经济合作主要论坛。G20由中国、阿根廷、澳大利亚、巴西、加拿大、法国、德国、印度、印度尼西亚、意大利、日本、韩国、墨西哥、俄罗斯、沙特阿拉伯、南非、土耳其、英国、美国以及欧盟等二十国组成。2023年9月G20领导人第十八次峰会上，非盟成为G20正式成员。

⑪ 统计表信息主要来源于中华人民共和国外交部二十国集团专栏公开信息，详见https：//www.mfa.gov.cn/web/gjhdq_676201/gjhdqzz_681964/ershiguojituan_682134/zywj_682146/。

⑫ 自2016年G20杭州峰会首次将“数字经济”列为G20的一项重要议题开始至今，数字经济每年都是G20峰会讨论的核心议题之一。

⑬ 左晓栋.“数字经济倡议”是G20杭州峰会具有开创意义的重大成果[EB/OL].(2016-09-30)[2025-05-03].https：//china.chinadaily.com.cn/2016-09/30/content_26945908.htm.

⑭《二十国集团数字经济发展与合作倡议》第一条第2款规定，数字经济是指以使用数字化的知识和信息作为关键生产要素、以现代信息网络作为重要载体、以信息通信技术的有效使用作为效率提高和经济结构优化的重要推动力的一系列经济活动。互联网、云计算、大数据、物联网、金融科技与其他新的数字技术应用于信息的采集、存储、分析和共享过程中，改变了社会互动方式。数字化、网络化、智能化的信息通信技术使现代经济活动更加灵活、敏捷、智慧。

⑮ 中央网络安全和信息化委员会办公室.G20杭州峰会通过《G20数字经济发展与合作倡议》为世界经济创新发展注入新动力[EB/OL].(2016-09-29)[2025-05-03]. https：//www.cac.gov.cn/2016-09/29/c_1119648535.htm。

续表

年份	举办地点	峰会主题	数字经济议题摘要
2017	德国汉堡	塑造联动世界	发挥数字化潜力，从多方面缩小数字鸿沟，营造数字经济发展的有利环境，促进数字化生产、产品和服务，支持在尊重适用的隐私、数据保护、知识产权法律框架下的信息自由流动 建设性地参与世贸组织电子商务相关议题的讨论和与数字贸易各方面有关的其他国际论坛，促进数字经济发展和贸易增长
2018	阿根廷布宜诺斯艾利斯	为公平与可持续发展凝聚共识	为最大限度发挥数字化和新技术对创新型增长和生产力提升的积极作用，采取措施助力中小微企业和创业者，缩小数字性别鸿沟并增进数字包容性，支持消费者保护，改善数字政府、数字基础设施和数字经济测度 在遵守相关法律并努力获得消费者信任、保护隐私、数据和知识产权的基础上，支持信息、思想、知识自由流动 认识到贸易和数字经济之间的关系的重要性。将继续推进人工智能、新技术和新商业平台方面的工作
2019	日本大阪	全球经济、贸易与投资、创新、环境与能源、就业、女性赋权、可持续发展以及全民健康	发布《大阪数字经济宣言》，提出基于信任的数据自由流动机制，强调国际合作在数字经济中的重要性，推动数字经济在全球贸易中的地位，明确数据治理中的信任与公平，提出以人为本的人工智能理念，发布 G20 人工智能原则
2020	沙特阿拉伯利雅得	实现 21 世纪所有人的机遇	认识到基于信任的数据自由流动和跨境数据流动的重要性，重申数据对于发展的作用 支持营造开放、公平和非歧视环境，支持保护和赋权消费者，同时解决在隐私、数据保护、知识产权和安全方面的挑战。提出根据相关适用的法律框架继续应对这些挑战，可以进一步促进数据自由流动，并加强消费者和企业的信任

续表

年份	举办地点	峰会主题	数字经济议题摘要
2021	意大利罗马	人、地球与繁荣	认识到制定政策打造有利、包容、开放、公平、非歧视的数字经济的重要性
2022	印度尼西亚巴厘岛	共同复苏、强劲复苏	认识到数字互联互通以及打造有利、包容、开放、公平和非歧视的数字经济的重要性 提出进一步实现基于信任的数据自由流动和跨境数据流动，推进更加包容、以人民为中心、赋能和可持续的数字转型 鼓励就发展数字技能和数字素养、数字基础设施互联互通开展国际合作。继续完善跨境支付合作
2023	印度新德里	一个地球、一个家园、一个未来	建设包容开放、非歧视的数字经济 以人为本，实现人工智能向善并服务全人类 数字公共基础设施作为一个不断发展的概念，将涵盖一系列共享数字系统，由公共和私营部门建设、利用，以安全和韧性基础设施为基础，可建立在开放标准、规范和开源软件之上
2024	巴西里约热内卢	构建公正的世界和可持续的星球	充分发掘数字技术潜力，促进数字互联互通和跨境数据流动

上面这张统计表多次在合规实务培训中用到。一开始有企业提出疑惑，表示没看懂这张表和全球数据合规实务有什么关联，还有的表示好奇，这些宏观的政策信息是如何具体指引合规工作的。

要回答这个问题，我们需要从“现在”和“未来”两个视角来讨论企业的数据合规工作。“现在”指的是既有规则，现时有效的法律、法规和标准属于这个范畴。“未来”指的是对未来趋势的理解，并基于这种理解对未来可能制定的规则作出预判。

企业数据合规计划的实施是一项持续的工作，在制订方案时，把握大趋势、下好“先手棋”的思路同等重要。换句话说，好的数据合规方案必须兼顾“现在”和“未来”。只着眼既有规则而忽略趋势的预判，在实施时难免会落入疲于应对的节奏中。

如果要了解全球数字议题的发展趋势，从中得出前瞻性和预见性的观察，那么，人口占全球的2/3和国内生产总值占全球85%的G20经济体的共识，就是其中一个重要的观察窗口。

接下来我们以2019年G20峰会的数字议题成果《大阪数字经济宣言》为切入点展开讨论。宣言中的数据自由流动与信任是一项重要倡议，全球的主要经济体都对这一倡议表达了支持，并明确了各自的政策立场。值得注意的是，对于这一倡议，印度、印度尼西亚和南非并未签署宣言表达支持。对于未签署的原因和考虑，当时的媒体也有报道，主要是前述三个国家在电子商务、跨境数据流动和数据本地化方面有各自的考虑因素。

那如何将未签署宣言的国家所表达的政策立场与具体数据合规工作联系起来呢？我们的理解是未签署宣言的国家有一些共同特点，都是正在快速发展中的经济体，人口基数大，希望建设自己的数据基础设施并培育产业和人才。在这种背景下，如果在2019年用“未来”的视角预测这些国家的数据立法和监管政策，很可能有限制情形，而这种限制正是希望在数据自由流动和产业发展还有信息安全方面取得平衡。

如果当时出海到这些国家开展业务，在服务器部署方案时，就需要考虑未来三年乃至五年的规划中应该是无法回避“本地服务器”这一选项。相反，如果未能预测到这一趋势，有可能忽略服务器的本地部署的考虑，在日后需要再次调整达到合规要求，这个调整对企业的数据合规工作意味着额外的成本和工作量。

具体我们再聚焦印尼的法律规定来看。以2019年为基准线，2019年的GR 71政府条例[16]规定，私营商业企业可将数据存在印度尼西亚境外[17]，但是应确保印

⑯ 印度尼西亚2019年的GR 71政府条例参考英文版全文请见Government Regulation No. 71 of 2019 on Organization of Electronic Systems and Transactions：https：//wplibrary.co.id/sites/default/files/PP%2071_2019%20%5BEng%5D%5BHO%5D.PDF。

⑰ Article 21(1)of GR 71：The Electronic System Provider in the Private Sector may conduct management, processing, and/or retention of the Electronic System and Electronic Data in Indonesian territory and/or outside of Indonesian territory.

度尼西亚有关部门可以监管和执法目的访问电子系统和其数据[18]。此前的 GR 82 政府条例[19]规定，公共服务的电子系统运营者应将数据存储在本地服务器上。印尼 2022 年的《个人信息保护法》[20]规定了向印尼境外传输个人信息的法律要求，需要注意的是，这一立法并不等于自动修改了 2016 年关于电子系统内个人信息保护的规定，即用户的个人信息向境外传输时需要履行事先和事后的报告义务[21]。另外，还需要注意印尼行业监管对于数据跨境传输也存在限制。例如，金融机构在印尼境外设置数据中心或开展数据处理活动，应取得印尼金融服务监管局 OJK 的批准。

2.4 贸易协定中关于数字经济和数据流动的安排

在后 WTO 时代，区域自由贸易协定在全球贸易规则中扮演着越来越重要的

---

⑱ Article 21(2)of GR 71：In the event that the Electronic System and Electronic Data are managed，processed，and/or retained outside of Indonesian territory，the Electronic System Provider in the Private Sector must ensure the effectiveness of supervision by the Ministry or Body and law enforcement.

⑲ 印度尼西亚2012年GR 82政府条例参考英文版全文请见Government Regulation No. 82 of 2012 concerning Electronic System and Transaction Operation：https：//www.flevin.com/id/lgso/translations/JICA%20Mirror/english/4902_PP_82_2012_e.html。

⑳ 印度尼西亚2022年的《个人信息保护法》参考英文版全文请见Law No. 27 of 2022 on Personal Data Protection：https：//www.abnrlaw.com/lib/files/IND-ENG-UU%2027-2022%20Pelindungan%20Data%20Pribadi%20(ABNR).pdf。

㉑ Article 22 of MOCI Regulation 20/2016:

(1) The transmission of Personal Data managed by Electronic System Operators at government agencies and regional governments as well as community or private parties domiciled in the territory of the state of the Republic of Indonesia to outside the territory of the state of the Republic of Indonesia must:

a. be coordinated with the Minister or official/institution authorized for it; and

b. apply the provisions of laws and regulations on the cross-border country exchange of Personal Data.

(2) The implementation of coordination as referred to in paragraph (1) subparagraph a shall be in the following form:

a. reporting the plan for implementation of Personal Data transmission, which shall at least contain clear name of the destination country, clear name of the receiving subject, date of implementation, and reason/purpose of transmission;

b. requesting advocacy, if necessary; and

c. reporting the results of activity implementation.

MOCI Regulation 20/2016的参考英文版全文请见MOCI Regulation No. 20 of 2016 on the Protection of Personal Data in Electronic Systems：https://www.dataguidance.com/sites/default/files/data_privacy_english_-_permenkominfo_no_20_of_2016.pdf。

角色，而数字经济和数据流动相关议题在现在已经成为全球主要贸易协定下的重要议题。例如，区域全面经济伙伴关系协定（RCEP）作为WTO之外的全球最大区域自由贸易协定[22]，在金融服务、电信服务和电子商务方面就数字经济和数据流动进行了约定。被认为是下一个时代的贸易协议跨太平洋伙伴全面进步协定（CPTPP）[23]也从电子商务出发，就10多个与数字经济和数据流动相关议题进行约定。数字经济伙伴关系协定（DEPA）作为全世界首个专注于“数字经济”的贸易协定，在CPTPP基础上，对数字经济和数据流动相关议题进行了更为深化和扩展的探讨。

（1）区域全面经济伙伴关系协定[24]

RCEP共有20个章节，包括对货物贸易、服务贸易、电子商务、投资、中小企业、政府采购、知识产权等问题的安排。其中，关于数字经济和数据流动的安排体现在第八章服务贸易（具体为金融服务和电信服务两个方面）和第十二章电子商务（具体为计算设施的位置和通过电子方式跨境传输信息两个方面）中。

RCEP关于数据跨境流动约定的特点是尊重缔约国本国的管理要求，但是这些管理要求不能限制为开展正常业务所需的跨境流动，包括不得采取措施阻止金融服务提供者为进行日常运营所需的信息转移，不得将使用境内计算设施或将设施必须置于境内作为进入该缔约方领土内进行商业行为的条件[25]，不得阻止为进行商业行为而通过电子方式跨境传输信息[26]。同时，RCEP在电信服务章节明确要为跨境传输信息提供公共电信网络和服务保障。

㉒ 刘红霞，于佳欣. RCEP生效！全球最大自由贸易区正式启航[EB/OL].(2022-01-01)[2025-05-03].https://www.yidaiyilu.gov.cn/p/211502.html.

㉓ 吴沈括，邓立山. CPTPP框架下的数据跨境规则研究[EB/OL].(2022-02-04)[2023-05-02].https://mp.weixin.qq.com/s/5nMV9fon1F8lMc0k2AuhbA.

㉔《区域全面经济伙伴关系协定》(RCEP)缔约国包括东盟十国(文莱、柬埔寨、印度尼西亚、老挝、马来西亚、菲律宾、新加坡、泰国、缅甸、越南)和中国、日本、韩国、澳大利亚、新西兰，所有15个缔约国均签署RCEP并完成国内核准程序。2023年6月2日起，RCEP对菲律宾正式生效后，全部15个成员均完成生效程序。RCEP全文请见http://fta.mofcom.gov.cn/rcep/rcep_new.shtml。

㉕ 根据《区域全面经济伙伴关系协定》第十二章第十四条，在公共政策目标或保护基本安全利益的情形下可以有例外。

㉖ 根据《区域全面经济伙伴关系协定》第十二章第十五条，在公共政策目标或保护基本安全利益的情形下可以有例外。

（2）跨太平洋伙伴全面进步协定[27]

CPTPP 共有三十个章节，涵盖了对于货物贸易、跨境服务贸易、金融服务、电信、电子商务、政府采购、知识产权、中小企业、技术性贸易壁垒等事项的约定。其中，关于数字经济和数据流动的安排体现在第十四章电子商务，包括数字产品、电子交易、电子认证和电子签名、在线消费者保护、个人信息保护、无纸贸易、通过电子方式跨境传输信息、计算设施的位置、网络安全、源代码、海关关税等内容。

CPTPP 第十四章的约定主要围绕便利和促进跨境电子商务展开，同时兼顾了网络安全、个人信息、消费者和源代码保护等。CPTPP 对数据跨境流动的规则思路与 RCEP 类似，明确尊重缔约国本国的管理要求，但是每一缔约方应允许通过电子方式跨境传输信息[28]，同时禁止将使用境内计算设施或在境内设置计算设施作为进入该缔约方领土内开展业务的条件[29]。CPTPP 还禁止对电子传输施加关税。

（3）数字经济伙伴关系协定[30]

DEPA 是全世界首个直接以“数字经济”命名的贸易协定，全文均围绕数字经济及贸易相关议题展开，旨在推动数字经济合作和跨境数据流动。DEPA 全文共十六个模块，涵盖商业和贸易便利化、数字产品待遇和相关问题、数据问题、商业和消费者信任、数字身份、新兴趋势和技术、创新与数字经济、中小型企业合作和数字包容性等主题。

DEPA 在一定程度上可以被视为 CPTPP 电子商务章节的“升级版”，一方面 DEPA 继承和深化了 CPTPP 电子商务章节关于在线消费者保护、个人信息保护、无纸贸易、通过电子方式跨境传输信息等内容，另一方面 DEPA 在金融科技、人

㉗《跨太平洋伙伴全面进步协定》(CPTPP) 全文请见https：//gjs.mofcom.gov.cn/wjzl/zymyq/art/2021/art_d730af75744a4a30901c9812bdef2ab6.html。

㉘ 根据《跨太平洋伙伴全面进步协定》第十四章第14.11条，在实现合法公共政策目标的情形下可以有例外。

㉙ 根据《跨太平洋伙伴全面进步协定》第十四章第14.13条，在实现合法公共政策目标的情形下可以有例外。

㉚《数字经济伙伴关系协定》(DEPA) 全文请见https：//gjs.mofcom.gov.cn/wjzl/zymyq/art/2021/art_ebb6a4d54f3f45ac9523e1a857b52153.html。

工智能、开放政府数据等方面作出了探索和尝试。在数据跨境流动规则方面，对比 DEPA 与 CPTPP 中的相关条款可以发现，DEPA 在通过电子方式跨境传输信息、计算设施的位置和海关关税这三方面的条款内容与 CPTPP 中的规定完全一致。

整体看 RCEP、CPTPP 和 DEPA 这些贸易协定关于对数字经济和数据传输的规定，我们可以发现有几个特点：首先，它们均不是仅从监管或者合规的角度来约定，而是从产业、技术、权益保护等多个角度下来进行约定，内容涵盖与数字经济和数据传输息息相关的各方面；其次，它们都尊重缔约国的国内法管理要求；最后，这些贸易协定均意识到数据的自由流动对于促进多边服务贸易、商品贸易和数字贸易的重要性，因此在尊重各国管理要求的前提下，从确保基于正常业务的数据流动、限制本地化、提供网络保障和电子传输免关税等各方面采取措施确保数据的自由流动。

3.开展全球数据合规工作的方法论

3.1 中国律师在全球数据合规工作中发挥什么作用？角色有什么变化？

以往在协助中国企业出海的项目中，对于境外的法律事项，中国律师更多扮演的是协调境外律师提供服务、协助境内外沟通等“桥梁”的角色，具体的服务和意见都由境外律师来提供。在较长的一段时间内，越能协调境外法律服务资源和构建全球法律服务网络的中国律师，在市场上就越有竞争力。

然而，在这个过程中，大家发现这种服务模式的问题和弊端越来越明显，尤其是在涉及多个司法辖区联动项目的时候。其主要表现在以下方面：在经济较发达的国家和地区，当地律师的服务费用可能大幅超过中国企业的预期或预算；某些境外律师的服务效率很难匹配中国企业快速响应的要求和业务开展的节奏；境内外存在文化差异，境外律师不能很好地理解中国企业的需求，进而不能提供符合中国企业文化和商业目标的建议和解决方案；在多司法辖区联动的项目中，各司法辖区的法律服务水平可能参差不齐，进而影响了整体的项目时间和交付成果；在某些国家和地区，当地法律服务市场属于乙方市场，要求当地律师按照中国企业的预算和响应时效提供服务往往很难得到回应，若是赶上当地的某些节日或特别活动，很可能至少要等2—4周才会收到当地律师的回复；还有一些国家的法律体系尚不完善，当地律师可能缺乏应对某类问题的依据和经验，不能很好地提供对项目推进有帮助的意见；当地律师具体提供服务时需要中国企业披露全貌的信息，但中国企业在有些项目中又有保密的考虑，不希望对境外披露太多的信息。

随着这些问题和弊端的凸显以及中国企业的发展和对全球法律服务期待值的

变化，中国律师在此类业务中的作用也在发生转变，其中比较明显的一个趋势是中国律师越来越需要对全局和脉络有整体的把握，主导境内外法律服务的开展，而不再局限于做专业“桥梁”和搭建服务网络。现在已经可以看到，有些中国律师甚至已经扎根当地，深耕境外法律业务，在境外设立律所或与境外律所联营，并直接管理当地律师。

这样的角色转变不仅要求中国律师具备同类项目的实操经验，而且要置身于境内外的整体之中，对境外的法律和监管架构也要有体系的研究，能够在具体项目中立方向、定思路和识别核心问题，联动境外律师在中国律师主导的框架下开展工作。

在近年的项目中，我们可以看到，中国律师正在发生角色转变并越来越起到主导的作用。比如，在法律制度相对还没那么完善的国家和地区，中国律师的实践经验可能比当地律师更丰富，在一些数据监管和立法进度没有中国快的地方，中国律师可以输出更多的项目经验和专业智慧。即使是在欧盟等数据监管和立法更为完善的地区，中国律师也能在项目中就具体问题提供更全面和细致的分析，结合中国企业的需求和实际情况讲好道理，也能制定统一的服务交付架构和标准，确保多司法辖区的交付水平保持一致。

接下来读者的问题可能将是——在这种转变的背景下，我们可以如何高效地对各国法律进行研究和梳理？

3.2　我们说清楚数据风险是什么了吗？

几乎每一篇关于数据安全的文章都在强调“风险”这个概念，但是不得不承认的是，在如何说明这件事的重要性以及如何凝聚利益相关方的共识方面，还有不少工作要做。除了我们有这种感觉，在与网络安全圈的同人沟通时，也经常听到这个观点①，那就是从业人员觉得安全很重要，预期是企业应该大力投入资源提升安全能力，现实是事与愿违，网络和数据安全议题不一定是企业运营的高优先

① Ross Haleliuk. Let’s have an honest conversation about the state of cybersecurity[EB/OL]. Venture in Security.(2024-12-18)[2025-05-03].https://ventureinsecurity.net/p/lets-have-an-honest-conversation.

级事项[②]，除非企业意识到了这个问题可能会影响营业收入或是业务连续性，或是正在面临监管部门的调查[③]。

在数据合规领域可以观察到类似的现象，那就是各类型的文章引用了国家政策、法律规定和标准来强调数据合规的重要性，但是对于数据不合规的后果方面，大多还是停留在后果很严重、罚款很严苛的模糊印象上。

我们也观察到，如果对这件事的重要性仅停留在一种模糊认可上，在是否开展以及如何匹配数据合规工作的资源时，企业也不会纳入高优先级事项。既然安全领域与合规领域都面临类似问题，那就有必要进一步审视这种风险和后果包括什么，以及如何用具象化的语言和示例描述出来。

在这一章节，我们会从不可预料、形态变化、链条传染和个人责任四方面来具象化说明数据风险的问题。

3.2.1 不可预料的敞口风险

这个问题还从企业的问题出发，在交流时，有人问到，企业运营管理的方方面面都面临着不可预测的风险，风险一旦实质化，就可能造成严重损失，数据合规风险在性质上有什么不同吗？

这里还是通过示例来说明问题。此前企业把产品销售到欧美市场时，会非常关注产品责任问题，因为产品责任可能引起不可承受的赔付之重。此前在美国由石膏墙产品责任引发的集体诉讼案件，其中一家公司与 1800 多名房主最终达成了 2.48 亿美元的赔偿金额[④]。

即使是这样的高额赔偿，从企业的角度看，仍然可以认为这种风险是相对确定的。这样说的原因是一家石膏墙生产企业，可以预料到如果产品包含危害个人

② Rami McCarthy. Challenges in Security Engineering Programs[EB/OL]. Venture in Security. (2024-05-29)[2025-05-03]. https://ventureinsecurity.net/p/challenges-in-security-engineering.

③ Ross Haleliuk. Let's have an honest conversation about the state of cybersecurity[EB/OL]. Venture in Security. (2024-12-18)[2025-05-03].https://ventureinsecurity.net/p/lets-have-an-honest-conversation.

④ 关于该案的诉讼全程信息请见MDL – 2047 Chinese-Manufactured Drywall Products Liability Litigation：https://www.laed.uscourts.gov/case-information/mdl-mass-class-action/drywall。

Bill Smith. Defective drywall lawsuit reaches settlement, a decade after Chinese product forced many from their homes[EB/OL]. Fort Myers News-Press. (2020-02-11)[2025-05-03]. https://eu.news-press.com/story/news/local/2020/02/11/chinese-drywall-settlement-unlikely-make-all-florida-victims-happy/4557473002/.

健康的物质，从而产生致病风险，那将会面临的索赔基数就是购买产品的家庭。从这个角度来看，企业完全可以对风险实质化的最大范围有所认识。

相比之下，我们看一个酒店集团的个人信息泄露事件所带来的后果。涉案国家的监管机构开出接近 1 亿美元的行政罚单后[⑤]，此案余波未了，美国集体诉讼的索赔金额高达 125 亿美元[⑥]。姑且不说法院多大程度会支持这一天价索赔，可以确定的是，哪怕最后达成和解避免全额赔付，那么代价已经足以花光一家企业多年的利润了。

这样一对比，大家就可以具体地了解为什么数据合规风险不可预料了。这家酒店集团可以想到旅客信息可能泄露导致被处罚和索赔，也可以预估到监管机构可能按营收比例处以罚款，但是无法预计要面对多少国家的监管处罚，可能有多少个国家的旅客会提起诉讼，还有旅客如何主张和计算索赔金额。

3.2.2 风险形态的持续变化

数据安全与合规风险发生后，形态还可能会继续变化，这一点是容易被忽略的。还是从产品责任出发来对比理解，如果消费者在使用产品过程中因为质量问题受伤了，那有人受伤就是产品责任风险实质化后的形态，它不会再发生变化。

相比之下，数据风险实质化后，形态可能还会继续变化，从而造成次生损害。NotPetya 勒索软件事件很好地证明了这一特点。从公开信息可以了解到，NotPetya 攻击波及全球 60 多个国家，影响数千家跨国公司，涵盖航运、制药、石油、广告、建筑等多个行业，预计总损失超过 100 亿美元[⑦]。其中，受影响的有一家医药公司，最初只是会计软件系统受到影响，由于没有及时采取处置措施，

---

⑤ Federal Trade Commission. FTC Takes Action Against Marriott and Starwood Over Multiple Data Breaches[EB/OL]. 2024-10-09)[2025-05-03]. https：//www.ftc.gov/news-events/news/press-releases/2024/10/ftc-takes-action-against-marriott-starwood-over-multiple-data-breaches.

Reuters. ICO fines Marriott 18.4 million pounds for failing to secure customer data[EB/OL].（2020-10-30)[2025-05-03]. https：//www.reuters.com/article/technology/ico-fines-marriott-184-million-pounds-for-failing-to-secure-customer-data-idUSKBN27F1LG/.

⑥ . Irina Ivanova. Marriott data breach sparks multibillion-dollar suits，with more to come[EB/OL]. CBS News.(2018-12-04)[2025-05-03]. https：//www.cbsnews.com/news/marriott-data-breach-class-action-lawsuits-seek-billions-with-more-to-come/.

⑦ Vignesh. Email breach chronicles：The NotPetya catastrophe - global havoc in 2017[EB/OL]. Zoho Workplace.(2023-11-27)[2025-05-03]. https：//www.zoho.com/workplace/articles/notpetya-cyberattack.html.

这次攻击的影响蔓延至产品研发和生产系统，最后直接影响了一款核心疫苗产品的生产和交付，导致超过十亿美元的销售收入损失[⑧]。

从 NotPetya 勒索软件攻击来看，这种风险发生之后，会计系统感染可以说是一种信息安全事件，影响了财务系统的信息安全和功能使用，但是后期蔓延至产品研发和生产系统，那对药企来说就是影响到“R&D”和“生产交付”这两个核心系统的业务连续性，风险实质化的形态已经截然不同了。

比较值得注意的是，这个事件的波及面在后期还在扩大。其中一个影响就是这个事件开始重塑网络安全与保险领域的边界。受影响的医药公司购买了保险，向保险公司申请理赔，保险公司拒绝的理由是这种范围的攻击符合保单条款中的战争免责条款，所以不在赔付的范围。法院给出的一个理由是，如果要援引保单中的免责条款，就必须明确界定这类型网络攻击属于不予赔付的范围，而不能基于现有的格式条款作扩大解释。在这个判决后，不少保险公司也在纷纷审视和修改保单中关于网络和数据安全责任的条款[⑨]。

从上面可以看出，这种风险的形态变化已经不局限于影响内部的组织机构，甚至可以在上下游乃至行业之间传导。

3.2.3 上下游间的传染风险——以刑事责任的风险传导为例

数据合规风险在很多时候并不止步于企业本身，而是如多米诺骨牌般，顺着供应链一路传导。这种传导还有一个特点，就是有些公司以为自己守规矩，实际上却早已被牵连其中，有时候甚至连“出事”的原因都搞不清楚。

我们以 P2P 暴雷引发的连锁反应为例。P2P 案件暴雷，上到创始人，下到前台都要配合调查，除了常见的非法集资、诈骗和非法经营罪，最常见的伴生罪名是《刑法》第 253 条之一的侵犯公民个人信息罪，这就是一个很典型的上下游传导的一个责任，构成要件包括非法获取或提供个人信息。

⑧ Michael Erman and Jim Finkle. Merck says cyber attack halted production，will hurt profits[EB/OL]. Reuters.(2017-07-29)[2025-05-03]. https：//www.reuters.com/article/business/merck-says-cyber-attack-halted-production-will-hurt-profits-idUSKBN1AD1AO/.

⑨ DAC Beachcroft. War exclusions in cyber policies：an overview[EB/OL].(2023-03-30)[2025-05-03]. https：//www.dacbeachcroft.com/en/What-we-think/War-exclusions-in-cyber-policies-an-overview.

那这里面各个主体是怎么被牵连全部涉嫌构成《刑法》第253条之一的罪名呢？这要追溯到当时的贷款风控环节，为了评估借款人的信用，平台和风控服务商需要从各渠道查询借款人的信用信息，对于这些信用信息的查询，有的平台要求借款人给出非常宽泛的授权，有的平台甚至没有拿到借款人任何授权。那些超出授权范围和没有授权部分的数据源是非法获取的借款人信息，这部分非法获取的个人信息在风控链条上的传播，这就造成了链条上的参与主体既可能涉及非法获取个人信息，也可能涉及非法提供个人信息。最后由于个别催收公司利用这些个人信息采用恐吓暴力手段催收，导致了公安机关介入调查，然后"顺藤摸瓜"，结果就是涉案企业大多也涉嫌构成侵犯公民个人信息罪。

这一系列案件很好地说明了数据风险的传染性质，一家企业仅做好自身的合规工作还不够，还需要注意从上下游传导而来的数据风险。

3.2.4 个人责任

要特别提示的是，数据风险实质化后的责任不仅停留在经济损失或者企业损失的层面，企业高管和企业法定代表人也可能是要承担个人责任的，轻则罚款，重则会有从业限制，再严重就是个人刑事责任了，这在国内侵犯公民个人信息罪的判决中都有真实案例。

3.2.5 小结

通过前面的案例探讨，数据不合规可能引发的后果也就比较清晰和具象了。数据合规不仅关乎企业运营，更可能对财务、信誉、业务发展乃至个人职业生涯产生深远影响。一个是罚款和赔钱，我们回顾欧盟这些年开的罚单和前面的酒店案的诉讼，这种罚款和赔钱使企业损失好几年的利润甚至使企业破产也不是没有可能。在赔钱之外，企业赚钱也会因为被要求停业整改受到不同程度的影响。接着就是业务停摆、舆论发酵并引发客户信任危机，导致客户流失。除此之外，企业的负责人、高管和相关人员也可能因此要承担罚款、从业限制乃至刑事责任等个人责任。

3.3 如何有体系和高效地对各国法律进行研究、梳理和分析

（a）基于安全、合规与发展的视角

在对各国法律法规进行研判时，常见的误区之一是缺乏体系和整体视角的思路，直接就某个或某些具体问题进行检索和研究，可能花了很多时间却只能得到部分答案和碎片化的知识点，无法形成研判的全貌和关联，也无法高效和灵活地解决具体问题和需求。

正如本书上文中对全球数据监管趋势的几点观察所述，各国对于数据监管的整体规划逐渐体现了更全方位的监管逻辑，涵盖了安全、合规和发展的方方面面。这也就意味着，在全球数据合规的工作中对各国法律和政策文件进行研判时，需要分别从这三个视角切入和分类，才能形成更全面和体系的理解，从而在解决具体问题时才能够把握和预判。具体方法的应用，详见本章后续小节对方法论的介绍和实战案例分享。

（b）拆解各国个人信息保护法的通用方法

结合以往的项目经验和不同企业关注的高频问题，我们形成了一套可以高效对各国数据合规法律法规进行体系对比的分析框架，具体到各国的个人信息保护法，我们以下表中 17 个方面的实务问题为例说明拆解和分析各国个人信息保护法的通用方法。

序号	拆解分析项	拆解分析的方法和内容
1	主要法律法规 / 法律框架	在拆解分析一个国家或地区的个人信息保护法时，我们首先需要对该国或地区个人信息保护法律体系的全貌有整体了解，这就涉及了有哪些主要法律法规 以美国为例，在美国没有一部全国层面统一的个人信息保护法律，个人信息保护的规定散见于联邦和各州的各项立法中。例如，国家层面在金融、医疗、消费者保护等领域立法均有个人信息保护的细分规定，如 HIPPA、COPPA 和联邦贸易委员会法案；州层面还有专门的个人信息立法和行业细分规定，如加州的 CCPA

续表

序号	拆解分析项	拆解分析的方法和内容
1	主要法律法规/法律框架	再以中国为例，中国的个人信息保护制度体系由法律、法规和一系列标准组成。《网络安全法》《数据安全法》和《个人信息保护法》是个人信息保护方面的三部基础法律，其中《个人信息保护法》专门规定了个人信息保护方面的法律要求，《网络安全法》和《数据安全法》则更多从安全角度对个人信息保护进行了原则性的规定。除了基础法律规定，某些特定场景（例如，个人信息出境）和某些行业（例如，健康医疗和汽车行业）还有个人信息保护方面的细分规定。此外，为落实法律法规的要求，包括国家标准在内的一系列标准也已经或正在陆续出台，例如《信息安全技术：个人信息安全规范》（GB / T 35273—2020）和《网络安全标准实践指南——敏感个人信息识别指南》（TC260-PG-20244A），供企业强制适用或参考适用
2	个人信息保护的原则	个人信息或隐私保护的原则是各国个人信息保护法中都会明确规定或者反映的内容，而且虽然细节各有不同，但很多国家在这些原则上都体现了很大程度上的共性。这些共性原则的源头其实是经济合作组织关于保护隐私和个人数据跨境流动的准则[⑩]（“OECD 隐私准则”）中规定的 8 项隐私保护原则[⑪]。这些隐私保护原则在国际范围内提供了最常用的隐私框架，已反映在现有的和将要颁布的隐私和数据保护法律中（例如，欧盟的 GDPR），并且可作为制定额外的个人信息保护原则的基础[⑫] 这些基本原则包括： ● 收集限制原则（Collection Limitation Principle）； ● 数据质量原则（Data Quality Principle）； ● 明确目的原则（Purpose Specification Principle）； ● 使用限制原则（Use Limitation Principle）； ● 安全保护原则（Security Safeguards Principle）； ● 公开原则（Openness Principle）； ● 个人参与原则（Individual Participation Principle）；和 ● 责任原则（Accountability Principle）

⑩ 经济合作组织关于保护隐私和个人数据跨境流动的准则全文请见OECD Guidelines on the Protection of Privacy and Transborder Flows of Personal Data：https：//www.oecd.org/en/publications/oecd-guidelines-on-the-protection-of-privacy-and-transborder-flows-of-personal-data_9789264196391-en.html。

⑪ OECD隐私准则第二部分列明了8项隐私保护原则，包括收集限制原则、数据质量原则、目的说明原则、使用限制原则、安全保障原则、公开原则、个人参与原则和问责原则。

⑫ 参见OECD Privacy Principles：http：//www.oecdprivacy.org/#：~：text=Internationally%2C%20the%20OECD%20Privacy%20Principles%20provide%20the%20most，of%20leading%20practice%20privacy%20programs%20and%20additional%20principles.

续表

序号	拆解分析项	拆解分析的方法和内容
3	适用范围	明确法律适用范围是判断是否需要遵守一国个人信息保护法的起点，但我们发现，很多人在研究时只会局限于该国个人信息保护法关于适用范围的某条规定，往往缺乏对具体规定的内容拆解和对法律规定的整体把握，进而不能全面掌握适用范围的规定甚至在具体应用时容易出现错误判断的情况 适用范围可以拆解为实体范围（material scope）和地域范围（territorial scope）两个方面。实体范围主要指的是法律规制的数据类型、数据处理方式和可以排除法律适用的例外情形。地域范围则是指法律在地域空间上的管辖边界，也就是说哪些国家和地区的个人信息处理活动需要遵守该法律。通过拆解适用范围进行分析，更有助于掌握法律适用范围的全貌，也更便于结合实际情况进行分析 以欧盟为例，欧盟 GDPR 适用的实体范围包括： （i）[数据类型] 处理个人数据的活动；且 （ii）[数据处理方式] 个人数据通过自动化方式处理，或没有通过自动化方式处理但构成或旨在构成归档系统（filing system）的一部分；且 （iii）[排除适用的例外情形] 排除欧盟法律管辖外的活动，欧盟成员国共同外交与安全政策的活动，个人或家庭活动、有权机关为预防、调查、侦查或起诉刑事犯罪、执行刑罚、保障公共安全而进行的数据处理，匿名化的数据 欧盟 GDPR 适用的地域范围规定包括： （a）[域内适用] 若数据控制者或处理者在欧盟境内设有实体（establishment），无论其实际数据处理行为是否发生在欧盟境内，均适用 GDPR；以及 （b）[域外适用] 在数据控制者或处理者未在欧盟设立实体的情况下，若其数据处理活动是向欧盟居民提供商品或服务，或监控欧盟居民发生在欧盟境内的行为，则适用 GDPR；若数据控制者未在欧盟设立实体，但数据控制者在欧盟成员国法律根据国际公法可适用的地方处理数据，也适用 GDPR
4	个人信息和敏感个人信息的界定	个人信息保护法律法规中会明确界定“个人信息”是指什么，虽然具体到不同的国家和地区，个人信息的具体定义会有微小差别（例如，是否明确限定于在世的自然人，是否有数据形式的要求，等等），但这些定义都有非常明显的共性——它们不会直接穷尽具体的信息类型或范围，而是基于特征和属性进行定义，且大都要求“识别个人”以及“和个人相关”。也正是因为如此，各国在个人信息识别的思路上可以说几乎是相通的 敏感个人信息（或者特殊类别的个人信息）属于与个人的人身、财产安全、人格尊严、言论自由或不受歧视的自由、特定群体保护等密切相关的一类数据，有的国家对这类数据会有专门的定义并明确要加强保护，相关规定在这些国家中会有个别差异；有的国家则没有专门规定这类个人信息 在识别和分析敏感个人信息时，我们需要关注：

续表

序号	拆解分析项	拆解分析的方法和内容
4	个人信息和敏感个人信息的界定	● 对于敏感个人信息的定义，具体的规定是基于这类数据的特征、影响对象和影响后果来界定，还是仅列举了敏感个人信息的类别（如美国的CCPA[⑬]），还是两者兼具（如越南的PDPD[⑭]）。

⑬ 例如CCPA 2018&CPRA 2020
①798.140. Definitions
(ae) “Sensitive personal information” means:
(1)Personal information that reveals:
(A)A consumer’s social security, driver’s license, state identification card, or passport number.
(B)A consumer’s account log-in, financial account, debit card, or credit card number in combination with any required security or access code, password, or credentials allowing access to an account.
(C)A consumer’s precise geolocation.
(D)A consumer’s racial or ethnic origin, citizenship or immigration status, religious or philosophical beliefs, or union membership.
(E)The contents of a consumer’s mail, email, and text messages unless the business is the intended recipient of the communication.
(F)A consumer’s genetic data.
(G)(i)A consumer’s neural data.
(ii) “Neural data” means information that is generated by measuring the activity of a consumer’s central or peripheral nervous system, and that is not inferred from nonneural information.
(2)(A)The processing of biometric information for the purpose of uniquely identifying a consumer.
(B)Personal information collected and analyzed concerning a consumer’s health.
(C)Personal information collected and analyzed concerning a consumer’s sex life or sexual orientation.
(3)Sensitive personal information that is “publicly available” pursuant to paragraph (2)of subdivision (v)shall not be considered sensitive personal information or personal information.

⑭ 例如Art. 2(4)of Vietnam Decree No. 13/2023/ND-CP of the Government dated 17 April 2023 on Personal Data Protection: “Sensitive personal data” refers to personal data in association with individual privacy which, when being infringed, will directly affect an individual’s legal rights and interests, including:
a)Political and religious opinions;
b)Health condition and personal information stated in health record, excluding information on blood group;
c)Information about racial or ethnic origin;
d)Information about genetic data related to an individual’s inherited or acquired genetic characteristics;
dd)Information about an individual’s own biometric or biological characteristics;
e)Information about an individual’s sex life or sexual orientation.
g)Data on crimes and criminal activities collected and stored by law enforcement agencies;
h)Information on customers of credit institutions, foreign bank branches, payment service providers and other licensed institutions, including: customer identification as prescribed by law, accounts, deposits, deposited assets, transactions, organizations and individuals that are guarantors at credit institutions, bank branches, and payment service providers;
i)Personal location identified via location services;
k)Other specific personal data as prescribed by law that requires special protection.

续表

序号	拆解分析项	拆解分析的方法和内容
4	个人信息和敏感个人信息的界定	● 在符合列举的敏感个人数据大类的基础上，是否还要满足其他条件才构成敏感个人信息，例如对于金融账户，美国 CCPA 要求账户和密码或其他允许访问账户的凭证一起才作为敏感个人信息，越南 PDPD 则明确信贷机构、外国银行分行、支付服务提供商及其他持牌机构的客户信息（包括账户）为敏感个人信息 ● 有没有明确排除不属于敏感个人信息的类别，如美国 CCPA 明确一部分“公开”的敏感个人信息不应被视为敏感个人信息或个人信息 ● 对于敏感个人信息的特殊保护要求有哪些，例如要求在隐私政策中单独说明、单独同意、数据主体有权限制处理、更严格的安全保护措施等
5	匿名化	匿名化作为数据处理的一种技术措施，常常和个人信息的界定联系在一起，但在实践中往往又存在认定匿名化的困境。在技术不断发展和迭代的背景下，匿名化不再被认为是一种绝对的技术。除了法律要求，匿名化还需要考虑技术和实践角度的问题。分析匿名化时需要从以下几个主要方面展开： ● 首先，个人信息保护法律法规是否明确了匿名化处理后的数据不属于个人信息？若否，对匿名化处理后的数据是否存在有别于其他个人信息的规定（例如，匿名化处理后的数据用途可更广泛和更少限制）？ ● 匿名化的定义和核心要求 / 标准 / 条件是什么？值得注意的是，我们在实务中可以看到，欧盟 GDPR 和美国 COPPA 对匿名化的认定已不是非黑即白的标准，具体详见本书后续章节的介绍 ● 是否有关于匿名化的专门指引、规范或标准？ ● 实务中通常如何认定匿名化？ ● 关于匿名化认定的监管或执法实践主要有哪些？

续表

序号	拆解分析项	拆解分析的方法和内容
6	控制者（controller）和处理者（processor）	各国的个人信息保护法均明确了使用和处理个人信息的相关主体，其中有一类是“决定个人信息处理目的和处理方式”的主体，这类主体在不同国家和地区会有不同叫法，例如欧盟GDPR中叫“控制者（controller）”，新加坡PDPA中叫“组织（organization）”，中国个保法中定义为“个人信息处理者”。另一类不决定处理目的和处理方式的主体，广义上属于受托处理个人信息的主体 不同的主体需要承担不同的数据保护义务，通常决定个人信息处理目的和处理方式的主体相较于受托处理个人信息的主体，需要承担更首要和更多的义务。因此，明确企业在具体的业务场景中属于哪一类主体，决定了企业需要遵守什么样的义务。分析主体类别时，需要关注当地个人信息保护法的以下几方面的问题： ● 个人信息保护法规定了哪几类义务主体（例如，控制者controller、处理者processor、下级处理者sub-processor等）？对不同的义务主体是如何区分和界定的？通过分析多国的法律规定，我们看到目前的共同点是各国普遍以是否“决定个人信息处理目的和处理方式”来区分是否属于数据控制者 ● 不同义务主体的合规义务和责任整体规定是什么？有什么区别和侧重？除了一般的个人信息保护义务之外，通常数据控制者还负有确保受托处理者保护个人信息、遵守个人信息保护法律法规的义务，其中往往又包括和受托处理者签订数据处理协议的要求。需要指出的是，个人信息由受托处理者直接处理，并不免除或减少数据控制者的合规义务和责任 ● 是否有关于共同控制者的概念和特别规定？ ● 个人信息保护法律法规对政府部门收集和处理个人信息的活动是否适用？
7	法律基础	处理个人信息必须基于法定的基础，这是判断个人信息处理合法性的关键 各国个人信息保护立法在个人信息处理的法律基础上有很明显的共性，就是基本都规定了个人同意、履约需要、履行法定义务、紧急情况下保护生命健康和财产安全、公共利益、个人信息已被公开这几个处理个人信息的法律基础，但具体的细节规定、适用条件会有区别。因此，在对这个共性框架有把握的前提下，具体到某个国家，还需要分析每一种法律基础的具体要求。例如，新加坡PDPA以个人同意为一般的法律基础，同时规定了无须个人同意也可处理的情形，其中包括了无须同意则可处理相关个人信息的某些特定商业场景

续表

序号	拆解分析项	拆解分析的方法和内容
7	法律基础	“合法利益(legitimate interests)”是欧盟GDPR下的法律基础之一，但不是每个国家的立法都规定了这一法律基础，例如，中国个保法中没有规定合法利益是收集和处理个人信息的合法基础。一直以来，合法利益普遍被认为是很难适用的法律基础，过往企业都不太敢使用。但是，现在越来越多企业正在进一步探索和尝试适用这一法律基础。因此，在分析是否可以使用合法利益作为处理个人信息法律基础时候，我们通常还会关注适用这一法律基础的主要实践操作有哪些 我们在实务中还观察到，企业普遍认为“同意”是比较明确和容易适用的万能法律基础，但在实践操作中这很可能是个误区，其中容易被忽略的问题是：这是不是唯一合适或最优的选择呢？企业应该如何结合实际业务和处理场景，选择或确定处理个人信息的法律基础？首先，同意是可以被撤回的；其次，在某些特定场景（如员工的个人信息处理）的案例中，也有可能存在因为员工和企业之间势力不平均而不得不给予同意的情况，在此情形下企业即使取得了员工同意，也有可能被认为无效；最后，在一些场景下，企业有可能很难取得个人的同意。 此外，对于一些特别的数据类型和场景，在分析法律基础时还需要关注以下方面： ● 处理特别类型的个人信息（如敏感个人信息、儿童个人信息）是否有特定的法律基础或额外要求？ ● 在特定场景下处理个人信息（如向司法或执法机构提供个人信息）是否有特定的法律基础或额外要求？
8	数据保护负责人 / 数据合规官（DPO）	各国对数据保护负责人都有不同的规定，具体的要求和企业的海外人员安排以及合规成本支出均密切相关，也关系具体个人的责任和义务。企业出海时可按以下思路梳理和分析各国关于DPO的规定和要求： ● 设置DPO是强制的法定义务，还是建议的良好实践？在很多国家和地区，设置DPO或类似职责的岗位是强制性规定，但对具体的适用场景或条件会有区别；在澳大利亚、日本等部分国家，则没有设置DPO的强制性规定，更多是建议的实践做法。 ● 对于明确为法定义务的，进一步判断需要任命DPO的主体和任命条件——仅要求数据控制者还是既要求数据控制者又要求数据处理者，企业达到一定规模（如有一定数量的员工人数），企业开展特殊的数据处理活动（如大规模监控），企业处理特定类型个人信息（如处理大量敏感个人信息），企业处理一定数量的个人信息等

续表

序号	拆解分析项	拆解分析的方法和内容
8	数据保护负责人/数据合规官（DPO）	● 同一个人是否可以同时担任多个实体的DPO？如果可以，对于这样的安排有无其他要求（如要求方便联系）？ ● 对DPO有无专业知识、工作背景、专业资质等资格要求[⑮]？ ● 对于担任DPO有无本地人员或机构、企业内部或外部人员或机构的要求? ● 对担任DPO的人员或机构有无限制？例如，不能在一定期限内有违反个人数据保护法律法规的前科[⑯]，DPO同时是高管的情况下不能违反有关禁止或限制高管任职的情形等 ● 任命DPO后是否需要去当地监管部门登记或备案？例如，GDPR要求控制者或处理者必须将DPO的联系方式通知数据保护机构，而巴西、新加坡、韩国等国家则没有这样的要求 ● DPO的职责有哪些? ● DPO是否要求向企业的最高决策机构汇报? ● DPO的姓名、联系方式等信息是否必须在隐私政策或通过其他方式告知数据主体[⑰]？例如，墨西哥、尼日利亚、印度尼西亚等有过这方面的要求，GDPR的WP29是建议这么做，而美国则没有这方面的要求 ● 如果没有按规定设置DPO会有什么法律后果？这是否是目前监管的执法重点?
9	个人信息存储期限	各国确定个人信息存储期限的普遍原则是“实现处理目的所必要”，但个人信息保护的法律普遍没有具体规定多长时间属于“实现处理目的所必要”的时长。这已经是研究个人信息保护的法律法规和相关指引都得不出具体答案的问题 在这一根本原则下，如何落实个人信息存储期限的要求，存储期限应该是多久，是否可以是永久？我们认为，答案并不在个人信息保护的法律法规和相关指引中，而是散见在和具体业务、场景或数据类型相关的其他法律法规、合同约定和业务逻辑中，如诉讼时效、对特定数据的要求（如金融消费信息服务、消费者保护）、监管要求、合同条款（如送货和售后服务的约定）、商业目的和需要等

⑮ 根据GDPR，DPO的任命应基于专业素质，并应具有数据保护法律和实践方面的专业知识。

⑯ 根据以色列PPL和2017年以色列隐私保护条例(数据安全)，安全官必须没有根据PPL被定罪的前科。

⑰ 墨西哥、尼日利亚、印度尼西亚等有要求，GDPR下WP29建议告知，美国没有要求。

续表

序号	拆解分析项	拆解分析的方法和内容
9	个人信息存储期限	因此，在分析和确认存储期限的要求时，我们可以从以下方面切入： ● 最基本的是，需要首先分析关于个人信息存储期限的指南或指引对存储期限的具体要求和规定； ● 其次可以结合具体的业务场景和涉及的主体，分析针对特定主体、特定数据类型、特定行业相关数据的具体存储期限要求； ● 再次还可以参考实践中同类型的当地企业在类似的业务场景中如何确定个人信息的存储期限，确定具体期限的考量因素或理由通常都有哪些； ● 又次若个人信息涉及多个司法辖区或多个司法辖区的主体，企业在确定具体的存储期限时，还要考虑应对不同司法辖区的要求的问题[18]，并确定是否适用同一套存储期限时间表； ● 最后，存储期限届满后应如何处理个人信息，也是企业在内部制度和技术落实的角度都需要明确的事项 实践中，越来越多的企业已经逐渐意识到，需要从多维度综合考虑、确定和论证存储期限的问题，相关实务案例分享详见本书下文关于我们如何应对认证机构就存储期限提出的问题的介绍
10	数据主体权利	各国个人信息保护法律普遍对数据主体权利进行了专门的规定，在某些国家和地区这也是执法的重点，如欧盟。如何落实数据主体权利关系如何企业业务开展的合规流程和成本，是企业出海面临的重要挑战之一 要做到从容应对这一问题，企业需要提前分析和明确以下方面： ● 法律赋予的数据主体权利有哪些？每一项数据主体权利的具体含义是什么？我们可以看到，各国普遍都规定了访问权、更正权、删除权、撤回同意权、投诉权等基本权利（如欧盟和印度），但具体的要求和响应规定有所不同 ● 个人行使权利的流程是什么？ ● 企业响应权利的时限是多久？这里要注意，这个时限应该从何时起算和何时终止，以及是否可以中止或延长、中止和延长的条件有哪些

⑱ 当跨国经营的A国企业将在B国收集的个人信息传输到A国进行处理时，则可能会面临A国和B国双重监管的要求。若其在B国被质疑其设定的存储期限的必要性不足时，是否可以援引该企业在A国法律规定下的法定义务来解释存储期限的必要性？

续表

序号	拆解分析项	拆解分析的方法和内容
10	数据主体权利	● 企业响应权利的方式有哪些具体要求？ ● 个人行使各项权利的限制是什么？什么样的情形下企业可以部分响应个人的权利请求或拒绝响应个人的权利请求？ ● 企业是否需要统计和公开权利请求和处理结果？ ● 企业是否需要公开或告知个人向监管投诉的渠道和方式？ 关于上述几个方面内容的对比分析和响应数据主体权利请求的实务经验，详见本书下文的具体介绍
11	数据本地化存储要求	数据本地化常被和数据跨境传输联系在一起讨论，但需要明确的是，它们虽然相互关联，但实质是两个不同的概念，适用不同的具体要求，需要分别分析。 对于数据本地化存储的要求，分析时主要关注以下几点： ● 是否有数据本地化存储的法律要求？若是，具体要求是什么，是否有数据本地化存储的例外情形？例如，关键信息基础设施经营者在某国收集的个人信息原则上必须存储在该国，在经过批准后方可出境。在这种情况下，当地法律既规定了数据本地化存储的要求，也规定了例外情形，此时需要进一步分析例外情形需要满足的具体要求和实践中的适用案例。本书下文介绍了阿联酋当地数据本地化存储的要求和相关案例。 ● 哪些主体或哪些类型的主体的数据必须本地化存储？ ● 哪些类型的数据必须本地化存储？ ● 特定行业适用的数据本地化要求有哪些？
12	数据跨境传输	由于业务开展的需要、IT设施和系统的部署和运维等考虑，数据跨境传输是企业出海必然要面对的重要问题 在国际层面，全球的数据监管体系仍在持续变化，除了多边和区域性的框架、指南和规则，各国也纷纷制定了自己的个人信息和隐私保护法律法规。在国别层面，各国的数据跨境传输规定既有共性的原则和方面，也有不同的价值取向和具体要求 在进行具体分析时，不仅要看某个国家数据出境的具体要求，还要把握相关国家和区域数据跨境传输规定和制度的衔接；除了关注个人信息的跨境传输规定，还要整体把握是否也有伴随着个人信息跨境传输的其他数据跨境传输的监管要求。分析的具体内容主要包括以下几个方面：

续表

序号	拆解分析项	拆解分析的方法和内容
12	数据跨境传输	● 个人信息和其他数据跨境传输是否被禁止，或存在限制？ ● 企业可以通过哪些机制或依据哪些法律基础进行数据跨境传输？例如，在很多国家都设立了白名单制度，企业可以向白名单上的国家跨境传输个人信息，具体请见本书附录中关于已设立白名单制度国家的介绍 ● 数据跨境传输是否需要从当地的监管机关取得事先或事后的批准、备案或其他手续？ ● 数据跨境传输是否必须完成个人信息保护 / 隐私影响评估？若是，这项评估有哪些主要的要求？ ● 数据跨境传输是否必须签订数据传输协议或类似的协议？若是，是否有规定的模板或内容？ ● 向中国传输数据是否有特别的规定或考虑？ ● 对于某个特定行业而言，除了一般的数据保护规定，数据跨境传输是否还适用特别的行业监管规定（如健康医疗数据、人类遗传基因等）？ ● 数据跨境传输的监管机构有哪些？监管机构的职责范围是什么？ ● 数据跨境传输是不是目前监管执法的重点？ ● 当地企业采取了哪些主要的实践做法落实数据跨境传输的要求？ 在综合分析数据本地化和跨境传输的要求之后，企业可能需要就海外业务的开展进行 IT 架构的提前部署或调整，例如，在境外部署海外业务的服务器
13	自动化决策	算法和人工智能等技术和工具已经应用到企业经营的方方面面，在使用这些技术和工具提高效率的同时，在个人信息保护方面，企业还需要关注各国对于这些技术和工具中的自动化决策的法律规定。关于自动化决策，需要企业关注境外法律规定的问题包括以下几个： ● 自动化决策定义和内涵是什么？ ● 使用自动化决策的原则和限制有哪些？例如，透明性原则，确保公平公正，不得利用自动化决策实行差别待遇。 ● 是否强制要求对使用自动化决策的个人数据处理活动开展个人信息保护影响评估？ ● 是否赋予个人拒绝自动化决策的权利？个人行使拒绝权的具体情形包括哪些？例如，个人可拒绝全部自动化决策，还是拒绝基于自动化决策进行的广告营销

续表

序号	拆解分析项	拆解分析的方法和内容
14	个人信息保护影响评估	个人信息保护影响评估（PIA）既是帮助企业识别个人信息保护的风险的工具，也是企业在特定的个人信息处理活动中必须履行的合规义务 在分析 PIA 的要求时，企业需要关注以下方面： ● 强制开展 PIA 的情形有哪些？如数据跨境传输、处理敏感个人信息、使用个人信息进行画像等。 ● 建议（非强制）开展 PIA 的情形有哪些？ ● PIA 是否可以委托第三方机构开展？若可以，实践中当地企业通常委托哪些类型的第三方机构开展 PIA？ ● 不同情形下开展 PIA 要识别和评估的风险有哪些？是否有规定的 PIA 指引或模板文件？ ● 开展 PIA 的流程是什么？ ● PIA 的有效期多久？出现哪些情形会导致即使还没到期也需要重新进行 PIA？ ● PIA 报告和底稿的保存期限和要求是什么？ ● PIA 报告是否需要提交给监管部门备案？
15	合规审计	个人信息保护合规审计除了可以检查和识别企业个人信息保护合规风险，还可以作为企业个人信息保护能力和个人信息保护合规措施的证明。目前有的国家明确规定了个人信息保护合规审计的要求，例如中国，有的国家没有这项强制性要求 个人信息保护合规审计需要分析的问题包括以下几个方面： ● 合规审计的触发条件有哪些？如处理个人信息、处理敏感个人信息、处理涉及一定数量人数的个人信息、发生安全事件等。 ● 合规审计的对象是什么？是数据控制者、数据处理者、次处理者，还是具体的数据处理活动？ ● 合规审计的范围是什么？是所有个人信息处理活动还是仅针对高风险的处理活动？ ● 合规审计的基准是什么？ ● 合规审计的频率和时间要求？例如，是否有定期审计的要求，定期的是多久一次，不定期的在什么情况下需要做审计？ ● 合规审计需要在多长时间内完成？在什么条件下可以延长这一期限？ ● 合规审计应该由谁来开展？企业自己完成，还是也可以委托外部机构来完成？ ● 开展合规审计的机构有无资质要求？具体进行合规审计的人员是否需要具备规定的专业能力和资质？ ● 合规审计的开展程序是什么？ ● 审计报告和审计底稿的保存期限和要求是什么？

续表

序号	拆解分析项	拆解分析的方法和内容
16	数据安全事件	企业出海也伴随着研发、业务、运营等各种系统的全球部署，而且往往一套系统在全球多个国家部署和使用，也会涉及对接第三方的系统或服务。在这样的安排下，一个数据安全事件可能会牵连多个系统和影响多个国家的运营实体，需要各实体根据所在地区的法律要求履行数据安全事件义务 实践中，如何应对数据安全事件，不仅仅是明确当地法定义务和合规要求的问题，还涉及企业对内各部门的联动应对，对外面向客户、供应商、合作方等相关方的问题沟通、回应和处理。履行合规义务和有效应对数据安全事件需要企业综合考虑法定义务等多方面因素提前制订安全事件预案 在分析当地法律要求方面，企业需要关注的问题包括以下几个方面: ● 根据企业的类型，企业在适用法律下法定的数据安全义务有哪些？应如何落实这些数据安全义务？有没有需要具体遵守的指引？ ● 数据安全事件的报告和通知义务有哪些，具体是怎么规定的？谁有义务报告和通知？什么情况下可以不通知、不报告？ ● 如果需要履行通知义务，需要通知谁、在什么时限内进行通知、通知哪些信息、有没有规定的通知程序？ ● 如果需要向监管机关报告，需要向哪些监管机关报告、在什么时限内报告、报告哪些信息、有没有规定的报告程序？ ● 发生数据安全事件后需要采取什么措施降低数据安全事件的影响？
17	违规与罚则	若违反个人信息保护义务，在各国最直接的法律责任首先体现在个人信息保护法律法规的罚则中，常见的是按企业营业收入的一定比例进行罚款，除此之外还可能有责令整改、暂停服务等其他处罚。这一类都属于行政责任 除了最为常见的行政责任，在个人信息保护领域，企业是否还需要就违法行为对个人信息主体承担民事责任，各国的个人信息保护法律有不同的规定。有些国家的个人信息保护法律没有赋予个人就企业违反个人信息保护法向企业主张民事赔偿的权利（如中国的个人信息保护法），但个人可以依据合同法等民商事领域或其他领域的法律主张民事权利；有些国家和地区的个人信息保护法律则直接赋予个人主张民事赔偿的权利，例如，欧盟的GDPR规定了个人可以就企业违反GDPR的行为主张损害赔偿⑲

⑲ 参见Article 82(1)of GDPR：Any person who has suffered material or non-material damage as a result of an infringement of this Regulation shall have the right to receive compensation from the controller or processor for the damage suffered。

续表

序号	拆解分析项	拆解分析的方法和内容
17	违规与罚则	此外，违反个人信息保护义务是否还可能涉及刑事责任，除了分析当地个人信息保护的法律，还需要看该国的刑法规定。例如，中国的刑法就专门规定了侵犯公民个人信息罪[20] 另外需要指出的是，违反个人信息保护义务除了企业层面的法律责任，还需要关注是否还可能存在个人责任的问题，涉及的人员可能包括企业的主要负责人、高管、相关业务负责人、DPO 等，主要的个人责任可能包括个人罚款、从业限制，严重情况下还可能涉及刑事责任

3.4 基础版方法论实战场景——关于 DICOM 格式医学影像的数据合规案例分享

这个案例的素材源自一家中国人工智能医学影像公司业务出海的数据合规项目。这家公司在境外多个国家销售医学影像诊疗设备和医学影像解决方案，过程中会采集当地医疗机构提供的医学影像，这些影像会经过清洗和标注，并传回中国境内进行处理和分析，还可能会用于算法训练。医疗机构通常会在和公司签订的协议中要求公司处理的医学影像数据可溯源。

公司主要想了解匿名化、DPO 和数据跨境传输方面的境外法律规定以及实务建议。起初公司的调研比较宽泛，外国律师的备忘录对法律进行了阐述，但公司感觉始终无法形成具有实操意义的指导。看过调研结果后，我们进一步提炼了给境外律师的问题，最终让公司取得了具有可操作性和实务指导意义的意见。下表以欧盟地区的调研结果为例进行说明：

---

⑳《中华人民共和国刑法》第二百五十三条之一【侵犯公民个人信息罪】违反国家有关规定，向他人出售或者提供公民个人信息，情节严重的，处三年以下有期徒刑或者拘役，并处或者单处罚金；情节特别严重的，处三年以上七年以下有期徒刑，并处罚金。

违反国家有关规定，将在履行职责或者提供服务过程中获得的公民个人信息，出售或者提供给他人的，依照前款的规定从重处罚。

窃取或者以其他方法非法获取公民个人信息的，依照第一款的规定处罚。

单位犯前三款罪的，对单位判处罚金，并对其直接负责的主管人员和其他直接责任人员，依照各该款的规定处罚。

调研事项	外国律师的备忘录摘要	我们如何跟进和细化问题
匿名化	根据 GDPR，匿名化指经过处理后，数据无法识别特定自然人且不能复原的过程 匿名化后的数据不再适用 GDPR 欧洲数据保护委员会（EDPB）及其前身第 29 条数据保护工作小组（WP29）分别在 2007 年（Opinion 04/2007）和 2014 年（Opinion 05/2014）的两份意见中对匿名化问题提供了指引，但这两份意见对于匿名化的说理存在不一致的理解，且实践中，欧盟各成员国对于匿名化问题所持的态度可能不完全统一。 若公司在欧盟地区采集的数据中包含个人数据，可考虑进行匿名化处理后再传回中国	公司反馈已经在内部研究时看过这些法律规定，看完外国律师的备忘录后，公司仍然不知道这些规定怎么弥合实践，怎么应用于公司的业务 据此，我们根据实务经验，进一步向境外律师提出：公司采集的医学影像是 DICOM 格式的影像，在开展业务时，医疗机构和公司签订的合同里通常会要求公司处理的医学影像需要可溯源或是不能完全匿名化，你们国家在医学影像行业这块是不是也是这么监管和操作的？如果也是这么操作，匿名化的法律规定对于公司业务而言有哪些实践影响和意义？
DPO	GDPR 规定以下三类情形必须设立 DPO： （1）数据处理行为由公权力机构实施，但法院行使司法权的除外； （2）根据数据处理者或数据控制者的性质、业务范围和目的，核心活动包括数据处理，且数据处理行为涉及对数据主体进行大规模的、定期和系统性的监控； （3）数据控制者和数据处理者大规模数据处理特定种类的数据和犯罪相关数据 除了上述情形，公司可自行决定是否设立 DPO，若设立，则需要遵守 GDPR 关于 DPO 的规定 DPO 的职责如下： （i）为数据处理者、数据控制者以及根据 GDPR 和欧盟成员国数据保护法规进行数据处理的人员提供信息和建议； （ii）监督 GDPR、欧盟成员国数据保护法规、数据控制者和处理者的个人数据保护政策的合规性，包括责任分配、意识提高、人员培训等； （iii）根据 GDPR 第 35 条监督并提供针对数据保护影响评估的建议； （iv）与监管机构合作； （v）作为监管机构与数据处理活动的联络人，包括 GDPR 第 36 条涉及的事先咨询和其他适当的咨询活动。	公司感觉这部分内容最核心的问题是，似乎没有结合公司在当地开展的业务情况对公司是否属于必须设立 DPO 的情形给出结论和建议；以及如果必须设立 DPO，公司具体应该怎么做 根据我们的经验，要解决中国企业关切的根本问题，我们需要向境外律师补充提出： ● 对于必须设立 DPO 的情形，“核心活动”“大规模”“定期和系统性的监控”具体是如何界定的？结合公司在当地的业务，公司是否属于必须设立 DPO 的情形？ ● 若公司必须设立 DPO，是否需要在欧盟开展业务的每个国家都设立一名 DPO？ ● DPO 需要具备哪些资质和满足什么条件？是否有国籍要求？是否可以由外部人员或机构担任？ ● DPO 是否需要向企业的最高决策机构汇报？ ● DPO 需要承担什么责任和义务？可能承担个人责任的情形有哪些？ ● 如果没有按规定设立 DPO 会有什么后果？

通过这个案例，可以分享以下几点经验：

第一，正确解读国外法律规定并将规定用于业务场景，并给出有操作性的建议，离不开对于企业业务场景的深刻理解。

第二，在出海过程中，可以看到中国律师发挥的绝不仅是简单的翻译和传话的作用，中国律师对于中国企业服务需求和业务情况的了解，可以有效管理外国律师交付成果的质量和成本。

第三，对于项目问题的预判和前瞻性，问得精准不精准，能不能起作用，最终决定了拿到的意见是否具有实践指导意义、是否可以持续应用到公司开展的业务之中。

第四，中国律师长期伴随中国企业深耕行业，可以把同行业企业出海的经验和方法用到同类项目中，从而不断优化项目落地的路径和细节。

3.5 以业务开展为导向、综合多维度解决方案的升级版方法论

从上面的案例还可以看到，企业在开展境外数据合规工作时大多聚焦在个人信息保护方面的合规，容易忽略与业务开展相关的其他维度和其他方面的合规问题，如这个案例中关于特定标准医学影像的行业实践和监管要求。可见单一的方法论已不足以为业务开展提供具有实践指导意义的解决方案，也不足以让企业更有预判性地应对多方面复杂交织的全球数据合规问题。因此，企业需要更全视角的能够赋能业务开展的合规工作方法。

从覆盖的合规维度，全球数据合规工作的开展不限于个人信息和数据监管的规定，还包括以下方面在内的合规视角：

● 行业监管：对于开展业务过程中产生和处理的数据，企业所在的行业以及业务相关的行业细分领域有哪些监管规定和行业实践，对业务落地而言至关重要。比如，医疗和金融行业通常都有行业细分的数据监管规定。此外，企业往往还会面临个人信息保护法律和行业监管规定之间的适用问题——是行业监管规定作为特别规定优于个人信息保护法律的一般规定，还是新规定优于旧规

定？一般而言，在金融等强监管的行业，通常可以说特别规定优于一般规定，但这种适用规则不能当然套用在其他行业。

- 特定场景：虽然不是每个项目或业务都可能涉及特定场景的数据监管，但这个方面的问题在多维度的方法论里不可或缺，这些特定场景包括境外上市、外国司法和监管机构调取证据、应对外国执法行动、跨境争议解决等。
- 特定群体：企业出海的业务可能涉及特定群体的数据处理，因此还需要从特定群体保护的角度考虑合规工作的开展，常见的特定群体包括儿童、未成年人、老年人、金融消费者等。
- 消费者权益保护：对于面向消费者或直接触达消费者的业务，企业还需要考虑消费者权益保护方面的数据合规问题，如广告业务、数字营销、网络交易等方面的规定。
- 网络安全：在有些国家，网络安全又称为网络弹性。广义的网络安全同时覆盖了传统的信息安全。这方面需要关注网络产品和服务的安全要求、对中国相关产品和服务的功能存在的影响等内容，在某些项目中，还要考虑国外对信息系统安全的保护要求、安全标准、安全审计等问题。网络安全方面的全球立法正在产生深刻的变革，从最初聚焦在个人信息保护，到陆续出台关键信息基础设施、数据安全、网络安全方面的立法，整体体现了平衡安全、发展和合规的趋势。

从实践应用角度，这个升级版方法论还解决将合规要求和合规措施嵌入企业业务开展和经营管理的实际问题。企业出海的现状之一是业务先行，合规工作往往相对滞后，合规措施和业务开展不同步。因此，有效的合规工作需要在业务开展的风险控制点中嵌入合规要求和合规措施，从而更具预判性地赋能业务发展。此外，企业出海还会涉及设立海外主体，在海外主体的经营管理层面，也需要解决数据合规问题，如海外员工的个人信息收集、处理和保护。

下文我们以一个物联网企业出海的案例具体说明在全球数据合规工作中如何应用这个升级版方法论。

3.6 升级版方法论实战场景——物联网企业出海中东案例解析

这个案例的素材来自一家物联网企业出海到中东地区的项目。这家企业在中东地区销售物联网设备。企业集团的法务部门事先对阿联酋的法律做了检索，看到阿联酋《个人数据保护法》中没有数据本地化存储的强制性要求，所以他们理解企业去阿联酋销售物联网设备和提供物联网服务既可以在阿联酋部署服务器，也可以在其他国家部署服务器，同时他们还观察到出海中东的同类型公司纷纷在阿联酋部署了服务器。因此，提出了以下问题：阿联酋的个人数据保护法没有数据本地化存储的强制性要求，为什么同类型公司大都在阿联酋部署了服务器？我们是否也必须在当地设服务器？

由于法律检索和对标公司的实践做法不一致，集团法务部门因此有了疑问，希望向我们二次求证。这不是个案问题，其中的过程和经验值得拿出来讨论和分享。产生这个问题的核心是割裂看待了个人数据保护法，某种程度上忽略了业务和业务所在行业的数据监管，忽略了个人数据保护法在整体体系中的运用以及和其他方面规定的衔接。基于此，按照升级版方法论，我们认为，除了阿联酋《个人数据保护法》[21]，企业还需要看阿联酋在其他方面是否还有数据本地化的规定，特别是关于物联网、物联网设备和物联网服务的行业细分领域的监管规定。按照这个方法开展工作，我们可以看到，阿联酋对物联网数据的监管有特别的规定。企业在阿联酋销售物联网设备的同时提供物联网服务，因此属于阿联酋《物联网监管条例》[22]中定义的“物联网服务提供商”。此外，阿联酋《物联网监管条例》还有域外适用效力，也就是说从阿联酋境外远程向阿联酋用户提供物联网服务，也需要适用这些规定。

㉑ 阿联酋《个人数据保护法》全文请见Federal Decree by Law No. (45)of 2021 Concerning the Protection of Personal Data：https：//uaelegislation.gov.ae/en/legislations/1972/download。

㉒ 阿联酋电信和数字政府监管局（“TDRA”）于2018年3月22日发布。阿联酋《物联网监管条例》全文请见Decision No. 17/2018 – On the Approval of the Policy of Internet of Things：https：//www.lexismiddleeast.com/regulatory/UnitedArabEmirates/UnitedArabEmiratesTelecommunicationsRegulatoryAuthority_Decision_No._17_2018_w_On_the_Approval_of_the_Policy_of_Internet_of_Things。

值得注意的是，根据阿联酋《物联网监管条例》，物联网服务提供商对物联网服务中产生的数据应按照“公开、机密、秘密和敏感”四种类别进行分类，除公开数据之外，其余三类数据均应落实本地化存储的要求，且仅能在目的国达到规定的安全水平的情况下，才能将这三类数据中和个人及公司相关的物联网数据传输至阿联酋境外。但是，阿联酋还没有发布这四类数据的具体分类标准，也没有发布哪些国家属于达到规定安全水平的国家，给落实本地化存储的义务带来了不确定性和困难。在进行分析的过程中，我们也尝试通过匿名的方式就物联网服务相关问题和当地监管部门进行了沟通，当地监管部门是服务型导向的做法，我们发出的邮件问题他们都愿意回复和提供指引。

我们将上面的分析和工作反馈给了集团法务部门，也解答了他们的疑问。按照升级版方法论，这个问题其实可以这么理解，企业不能只看当地的个人信息保护法，还需要结合业务去看其他方面的数据监管规定，特别是行业细分领域的监管规定，同行业对标企业选择在阿联酋部署服务器，很可能是在进行综合评估之后认为数据本地化是在应对法律不确定性等方面更优或者成本效率更高的解决方案。

3.7 全球数据合规的基准线

3.7.1 一直在说数据全球数据合规，合规的基准到底是哪一国的法律？

就和任何其他领域的合规工作一样，开展数据合规工作前需要确定合规基准，这个合规基准是项目准备和落地的依据，也是企业在运营过程中需要持续遵守的标准，更是将来开展内部和外部审计的标准之一。

在中国企业出海开展数据合规工作时，也必然会问到这一问题——要根据哪国的法律作为依据？

这个问题看似简单，实则不容易回答。

早期的时候，企业的期待值很好理解，往往会直接说：“我们去哪个国家开展业务，当然要符合这个国家的法律，你们就按照我们业务覆盖的国家，给我们写一套服务协议和隐私政策就行。”

这个需求确实没问题，有的项目也是这么操作的，不过随着大家认知的不断深入，这个解决方案可能过于简单粗暴了，更为重要的是这种方法无法匹配企业的真实需求。

3.7.2 30个国家就要写30份隐私政策吗？

我们从一个常见的场景出发，一家生产智能家电的中国企业，总部和生产基地都在中国境内，重点销售区域覆盖欧洲、亚洲和南美30个国家。企业在这三个区域分别设立了三家子公司。企业既通过电商平台销售产品，也通过当地的经销商销售产品。

我们不妨想想，按照一个国家准备一套隐私政策的做法，30个国家就要准备30套隐私政策，将来要更新的话，需要把这30个国家的隐私政策都排查一遍，这个隐私政策迭代的工作量可不是开玩笑的，更何况这家智能家电企业，出海拓展市场将来会增加到50个甚至是100个国家，难道以后的工作就是天天围着隐私政策转吗？这显然是不现实的。另外，也要注意到，这家企业并不是每个国家设立一个公司，它是按照区域设立了三家子公司。换言之，合规主体只有三个，按照每个国家做一套的方法，三个主体怎么同时符合这么多国家的法律呢？在沟通过后，这家企业的合规部门也认为这样操作不具有可行性。

除了这种方法，在实践中还会遇到另外一种处理思路，有的企业会说：“不用这么麻烦，就写一套隐私政策就行，我们是一家中国公司，就按照中国法律写就行。”但是，这个处理思路最突出的问题是，很可能在不同程度上做不到完全符合境外国家的法律要求。

讨论到这里，大家已经注意到了，不能简单地以“去哪个国家开展业务就符合哪个国家的法律”这一规则来开展数据合规工作。

实践中，除了上面的做法和思路，还有一个做法就是所有国家都用统一的政策，最常见的就是根据GDPR起草一个版本，在所有国家都用这一个版本。这个做法也不可行，其原因在于，虽然GDPR对其他国家个人信息保护的立法都有或多或少的影响，但我们还没发现哪个国家的个人信息保护法律和GDPR是完全一样的，比如 GDPR 下 legitimate right 这一法律基础就不是所有国家都有规定的，不加以区分地全部写进去，就存在违法的风险。

3.7.3 “国际版”隐私政策

这时就会出现一个问题，上面的方案都不行，那怎么办呢？我们可以观察到以上案例中的尝试都有点极端，解决的方案就是在上面两个方案中找一个平衡点，这就需要我们参考本书上文的方法论研判这些国家的相关规定哪些是共性的、哪些是特定的，以共性的规则为基准起草政策，再将各国强制性的规定体现在对应国家的政策中。

举个例子，我们发现这些国家个人信息保护立法和 GDPR 规定存在较多共性内容，那么就可以选择以 GDPR 为合规基准和政策起草的出发点，将共性内容反映在政策中。再看其他国家关于政策内容的强制性要求，对于没有冲突的强制性的要求可以继续纳入政策模板，对于有冲突的或者非常有当地特色的规定，就可以考虑在模板最后通过具体国家的特别规定的方式体现。在这个方案下，那些共性的规则就是我们在找的合规基准，我们也已经通过这样的安排实现一份政策满足多国合规要求。“国际版”隐私政策的示例请见本书附录。

所以，回到最开始的问题——合规的基准到底是哪一国的法律，这个问题很容易让大家陷入一个误区，就是偏要找出一个或者几个国家出来作为合规基准。实际上，合规基准可以不是某一个具体国家的法律，可以是基于对相关国家的法律研判总结出来的一套规则。

4.企业如何设计全球数据传输的架构

4.1 数据跨境传输不只是合规问题

数据跨境传输不合规可能导致企业被处罚，这方面的合规必要性就无须再强调了，在这一章节我们希望从更宏观的视角来审视数据跨境规则的重要性及其影响。毫不夸张地说，数据跨境传输规则对于 GDP 会有直接影响，另外数据跨境传输规则也是评价营商环境的重要指标之一。此外，从企业组织架构角度来看，数据跨境传输规则也会影响集团内部的分工和部门设置。

以上的几种说法似乎得到了越来越多的测算和数据作为支撑。根据经济合作与发展组织、亚太经济合作组织和世界银行发布的报告，限制数据跨境流动将对经济产生负面影响，而取消这些限制则会增加出口、降低出口成本、提高生产力和收益，详见下表：

限制数据跨境传输的影响	强制数据本地化会会使 GDP 减少 0.7% 至 1.7%①
	数据本地化要求造成的投资损失高达 4%②
取消或降低数据跨境传输限制的影响	数字服务贸易限制水平每降低 0.1 个百分点，出口就会增加 145%③

① APEC Committee on Trade and Investment. Economic Impact of Adopting Digital Trade Rules[EB/OL]. (2023-04)[2025-05-03]. https：//www.apec.org/publications/2023/04/economic-impact-of-adopting-digital-trade-rules-evidence-from-apec-member-economies.

② APEC Committee on Trade and Investment. Economic Impact of Adopting Digital Trade Rules[EB/OL]. (2023-04)[2025-05-03]. https：//www.apec.org/publications/2023/04/economic-impact-of-adopting-digital-trade-rules-evidence-from-apec-member-economies.

③ Javier López González，Silvia Sorescu，and Pinar Kaynak. Of Bytes and Trade：Quantifying the Impact of Digitilisation on Trade[EB/OL]. (2023-05)[2025-05-03]. https：//read.oecd.org/10.1787/11889f2a-en ?format=pdf.

续表

取消或降低数据跨境传输限制的影响	对于亚洲的中小微企业而言，数字工具可将出口成本降低82%，交易时间缩短29%[④]。
	取消数据传输限制，发展中国家的贸易成本最多可降低30%[⑤]。
	如果各国取消限制性的数据政策，平均生产力将提高约4.5%；而减少对服务贸易数据限制的收益平均约为5%[⑥]。

虽然有这些数据统计作为支撑，可能有人仍然会问，这些宏观指标都是关于GDP、投资、贸易的，似乎离企业的日常经营活动还很遥远，这里我们想指出的是，一个地方的数据监管规定下一秒就影响企业的投资和经营决策。关于这一点，也有实际的案例支撑，我们来看下面两个案例。

在一家中国企业全球业务拓展过程中，需要确定一个区域的数据中心节点，在讨论中有高管提出，企业为全球客户提供国际通信、云客服中心和营销自动化这些服务和推广业务过程中要收集个人信息，要跨境传输个人信息，甲方客户是把合规要求转嫁给我们的，要求我们协助做好数据跨境传输所需的文件和备案。为了确保对客户服务的效率和考虑成本控制等因素，如果服务器节点所在国家关于数据跨境传输的规定限制比较多，或者流程比较模糊，或者结果不确定，公司折腾不起，在选择服务器节点时要优先考虑当地数据监管规定的确定性与效率。通过这个案例可以看出来，数据监管规定足以左右一家企业投资和服务器节点设立的决定。

还有一个案例，这个跨国公司在几个重要的国家和地区都设立了数据处理节点。在应对全球数据立法更新的情况中，公司认为有必要就这些节点、团队、设施做一个梳理，在数据处理业务线层面进行重组。在梳理过程中公司又观察到，有些国家和地区的立法和监管有诸多限制或有收紧的信号，在重组过程中公司就

④ Access Partnership. Micro-Revolution：The New Stakeholders of Trade in APAC[EB/OL]. (2018-02-14)[2025-05-03]. https://accesspartnership.com/new-stakeholders-trade-apac/.

⑤ OECD. OECD Services Trade Restrictiveness Index：Policy Trends up to 2023[EB/OL]. (2023-02-13)[2025-05-03]. https://www.oecd.org/en/publications/oecd-services-trade-restrictiveness-index-policy-trends-up-to-2023_c21143c6-en.html.

⑥ World Bank. World Development Report 2020 – Trading for Development in the Age of Global Value Chains [EB/OL]. (2020)[2025-05-03]. https://www.worldbank.org/en/publication/wdr2020.

计划把这些地方的团队、IT设施和数据处理活动都裁撤掉，然后把这部分功能集中到监管较为友好的国家。据了解，后来公司还是实施了裁撤计划，这样一来技术人员、IT设施和数据处理活动都不再保留在当地。如果多家公司都采取类似的决定，可想而知当地要发展这一产业会是多么困难。以上两个案例都非常生动地说明了，宏观政策和监管规定传导至个体，并没有想象的那么遥远，其影响体现出来很可能就是下一分钟的事。

4.2 安全的跨境传输方案不一定是合规的

这个问题本质上是数据安全与数据合规两个概念如何关联和互动的问题，但是为了让讨论更加具体，我们用标题的这句话作为起点。同样的问题，在一个论坛上我们和车企的安全部门负责人也讨论过，他解释道，在企业层面落地实施数据跨境传输方案时，这个问题困扰了他们相当一段时间。这是因为作为安全总监的岗位，部门看待这个问题的角度是，当数据跨境传输方案落地实施的技术方面做得非常扎实，从人员管理、系统部署到安全措施都涵盖，企业也有信心确保整个传输过程是安全的，而且人员侧的管控也可以确保数据在传输后不会被用于授权以外的目的。那么他的困惑是，这么安全的数据跨境传输方案为什么还有可能是不合规的？

我们假设一种情形来说明这个问题，一家企业在跨境传输时适用欧盟GDPR的规定，我们继续假设可以做到车主信息在传输过程中的绝对安全，但是没有确定适用哪种法律基础（如基于充分决定还是SCC）进行传输，那就恰好落入了“安全但是不合规”这个结论中。

为更好地理解这个问题，需要稍微回顾一下个人信息保护立法如何与信息安全概念产生关联与互动。在具体的个人信息保护立法颁布前，个人信息保护的规定散见在不同行业的规定之中，在这种监管形态下，有的规定仅是原则性条款，而有的规定则属于强监管属性[⑦]。在这一阶段，个人信息的安全评价更多是企业整

⑦ 在这一时期，各行业的个人信息保护规定大致与行业监管趋势吻合，一般而言，金融、电信等强监管行业对于个人信息保护的规则较为细致，而其他行业则多是原则性条款。

体信息安全框架内的一部分。企业在对个人信息进行跨境传输时，除了识别法律有无禁止规定，其工作重点在信息安全方面，也就是IT部门[⑧]的职责范畴。在个人信息保护相关法律相继颁布后，对于在日常经营管理和商贸活动中已经存在的个人信息传输行为，需要根据这些法律规定进行法律合规评价。对于法律规则的研判和应对，在企业之中往往属于法务与合规部门的职责范畴。从这里可以观察到，各国相继出台个人信息保护新规后，企业内部在如何衔接与协作方面，也面临着调整。

我们可以这样总结两者的关系：在设计和实施数据跨境传输方案时，数据安全措施是合规评价的必要条件，但并非充分条件。充分条件还包括了法律规定的数据跨境传输活动是否具备法律基础，是否存在禁止或限制性规定，是否符合流程要求（例如备案和审批）等。

此外，从必要和充分条件的角度可以看到，企业各部门如何协作应对数据安全与合规问题，如何分工配合才能确保合规资源的有效配置，是未来实践工作的一个重点。

4.3 在欧盟没有设立公司就不能向其他国家传输个人数据了吗？

这也是一个常见问题，不止一家中国企业在从欧盟向第三国传输欧盟用户个人信息时讨论过这一问题。有的企业也提到已经进行了前期咨询，有的机构给出的建议是欧盟境内需要有实体来签署标准协议条款（SCC），如果在欧盟境内没有实体的话，中国企业需要在欧盟境内设立一家子公司作为数据控制者来完成SCC签署。

关于中国企业如何从欧盟向第三国传输个人信息的各种方案，在本书的“中国智能网联汽车出海的数据合规痛点和应对”一章中有较为详细的分析，在这一小节我们希望指出的是，中国企业在欧盟境内设立一家子公司作为数据控制者，与第三国的数据处理者签署SCC，只是签署SCC的方式之一。这并不是说中国

⑧ 法务与合规部门也会配合，不过主要工作还是由IT部门完成。

企业在欧盟境内没有设立子公司，就不能通过签署 SCC 的方式向第三国传输欧盟用户的个人信息。作为对 Schrems Ⅱ⑨一案判决结果的回应，欧盟委员会更新了 SCC 的模块，在更新过程中明确考虑到了数据输出方作为控制者没有在欧盟境内设立实体的情况。欧盟委员会在 2022 年 5 月的常见问题汇总中提到，SCC 的第四个模块（数据处理者—数据控制者）设想的适用情形是处理者在欧盟境内，而控制者位于欧盟境外。说到这也就很清晰了，数据控制者并不需要一定是欧盟实体才可签署 SCC。此外，关于 SCC 四个模块的设置是否合理，是否切实可行，欧盟的专业人士也有过不少讨论，其中有的观点非常有洞察力，有兴趣的读者不妨自行研究⑩。

4.4 GDPR 第 49 条适用的可能情形

这里我们希望延伸讨论的是 GDPR 第 49 条适用的可能性。简单用一句话来概括，第 49 条说的是如果充分决定和适当保护措施都不具备时，可以援引第 49 条所列的例外情形向第三国传输个人信息。在此前的业务场景中，我们记得曾经和智能家居产品制造商和互联网平台重点探讨了第 49 条（a）款（数据主体明确同意）和（b）款（履行合同所必须）适用的可能性。

以一家企业通过网络向欧盟境内用户提供信息服务为例，企业不需要在欧盟境内设立任何实体，原因是企业自开展业务之初就是把业务人员和 IT 架构都放在新加坡，然后通过新加坡公司向全球用户提供信息服务。在这种情况下，新加坡公司作为数据控制者，没有委托任何数据处理者。这时候大家会发现，在这种数据流向的架构下，没有 SCC 项下定义的数据出口方，不能通过签署 SCC 来作为跨境传输的依据。新加坡也不是获得欧盟充分决定的国家，假设企业也不能适用任何一种适当保护措施，那能不能援引第 49 条（a）款或（b）款呢？

这个问题我们和几位欧洲的律师都探讨过，在这里把他们的观点总结一下。

---

⑨ Schrems Ⅱ案判决全文请见https：//curia.europa.eu/juris/document/document.jsf？ docid=228677&doclang=EN。

⑩ Victoria Hordern. EU Standard Contractual Clauses[EB/OL]. Taylor Wessing's Official Website.（2023-01-30)[2025-05-03]. https：//www.taylorwessing.com/en/insights-and-events/insights/2023/01/eu-standard-contractual-clauses.

有一位律师的观点是，不能援引第 49 条（b）款（履行合同所必须），因为这里的履行合同所必须并不是 GDPR 第 6 条所说的法律基础，而是作为向第三国传输的例外情形。这位律师继续指出，如何解释第 49 条（b）款需要结合 GDPR 引言第 111 条来看，引言对于援引例外情形设了两个限定条件，一是必要性，二是传输是一种偶发的、非经常的行为。他认为，在互联网平台的业务场景下，这种传输属于经常行为。

另一位律师的观点是，应该是可以援引第 49 条（b）款，他也注意到了引言第 111 条的限定，不过他的观点与第一位律师不同，他认为 GDPR 条文并没有偶发、非经常的限定，在解释时应以条文为准。

第三位律师的观点更为不同，他认为不只可以援引第 49 条（b）款，他进一步假设，就算没有例外情形，在这种模式下也不影响从欧盟向新加坡传输用户信息。他的理由是，GDPR 的域外适用效力就是为这类业务模式而设计。新加坡公司通过互联网直接向欧盟境内用户提供服务，不应从 GDPR 第五章的角度来分析，他认为应触发适用 GDPR 第 3.2（a）条的域外管辖条款，无须再单独评价跨境传输这一行为。

以上几种观点都是专业人士的理解和判断，每种观点都有其思考的逻辑在背后支撑，也凸显了数据监管规则在实际业务场景中的运用仍然有诸多值得探讨的问题。

4.5　最具创意的中日韩 + 东盟的数据传输方案构想

中日韩 + 东盟的数据传输方案来源于客户，客户从东盟 MCCs 和《东盟与中日韩（10+3）合作工作计划（2023—2027）》(“《10+3 合作工作计划》”）得到灵感，希望基于这两份文件，探讨数据在中日韩和东盟之间自由流动的可行性。

我们之前从未意识到这个方案，因此听到这个方案的时候眼前一亮，非常佩服客户的洞察力和创意。这个方案一旦成立，意味着企业可以非常方便地在亚太区域搭建数据自由流通的框架，大大减少企业在 IT 设施、人员、合规这些方面的投入，便利企业的业务开展。差不多就实现了现在很多贸易协定期望的区域数据自由流动的效果。

遗憾的是，这个方案暂时还不成立。一方面，东盟 MCCs 是一种自愿性标准，需要各成员国立法接受其作为跨境传输的法律依据；另一方面，《10+3 合作工作计划》仅提及了若干促进数字经济发展倡议和举措，并未说明其与东盟 MCCs 的衔接和数据跨境传输机制的详细规定。目前新加坡的数据保护机构 PDPC 鼓励企业使用 MCCs 并提供指南[11]，在其他国家间的数据跨境流动还是要回到国内法提供的路径。

虽然这个方案暂时还不具备可行性，但是可以由此看到大家对区域间数据自由流动大一统框架的期待和探索。我们也期待和大家一起探索更多这样有创意的方案。

4.6 服务器放在中国香港和新加坡有什么区别？

这个问题是在讨论服务器设置地点时遇到的高频问题之一。从参与不同企业的讨论来看，大家似乎默认这两种选项是讨论的前提，但是在讨论和决策过程中似乎又没有探讨两者的优劣，有时候看起来就像是凭着感觉在选择。这样的问题当然也引起了大家的注意，我们也曾经问过这个问题，如何比较服务器放在中国香港和新加坡的不同？参与交流的企业代表回答得也很坦诚，因为平时经常听到同行都在服务器设置时提到这两个地方，就觉得大家应该是有原因才这么说的，所以自然也跟着把服务器设在其中一个地方，至于为什么的问题并没有深究。

当然我们不能停留在仅凭感觉就决定服务器设置地点，在这一小节我们将更仔细地来审视这个问题。

中国香港和新加坡都是亚洲具有竞争力的经济体，法律体系完善，营商环境优良，而且中国香港和新加坡政府都在积极拥抱数字经济战略。从宏观层面来对比，我们很难说服务器设在哪个地方更具优势。那么从技术层面能否得出不同结论呢？这个问题我们也问过不同企业的 IT 部门和技术咨询公司，大家的回答是不论部署服务器在哪个地方，从速度响应来说都很好，足以应付业务需求。另

⑪《在新加坡跨境数据流动中使用东盟示范合同条款指南》全文请见Guidance for Use of Asean Model Contractual Clauses for Cross Border Data Flows in Singapore：https：//www.pdpc.gov.sg/–/media/Files/PDPC/PDF–Files/Other–Guides/Singapore–Guidance–for–Use–of–ASEAN–MCCs.pdf？ la=en。

外，从数字产业的人才供给来看，两地都会聚了众多的顶尖人才，在这一点上也难分高下。通过以上各种因素对比，可以确定的结论是，中国香港和新加坡都是设置服务器的热门地点。

如果继续追问这个问题，那放在新加坡和中国香港到底有没有不同的考虑点呢？经过研究，我们发现还是有不同之处的，这里的不同主要是指新加坡作为服务器部署地，将来有可能是作为东盟和中国境内之间传输个人信息的便利节点之一。

如何理解节点这个问题，我们从东盟成员国之间的个人数据流通作为切入点来审视。东盟为了确保个人信息在东盟数字生态系统的信任传输和保护个人主体权利，制定并鼓励各成员国推广使用东盟标准合同条款（“东盟 MCC”）。虽然现阶段东盟 MCC 仍是一项自愿适用的标准，其适用需要东盟成员国通过国内立法进行转化。虽然现时东盟各成员国关于个人信息保护立法的进度不一致，但是可以明显感受到各国都把这个议题列为高优先级事项，在未来几年的变化非常值得期待和关注。我们注意到，新加坡作为东盟成员国之一，已率先在其个人数据保护委员会发布的指引中[⑫]承认使用东盟 MCC 符合新加坡 PDPA 关于个人信息跨境传输的规定。在东盟与欧盟层面，双方发布了《东盟示范合同条款和欧盟标准合同条款的联合指南》，[⑬]希望进一步实现东盟 MCC 和欧盟 SCC 的衔接和融合。此外，在 APEC 国际数据保护和隐私认证系统上建立起来的全球跨境隐私保护规则（CBPR）[⑭]，近年来呈现出扩容的趋势和影响力，新加坡作为 CBPR 认证

⑫《在新加坡跨境数据流动中使用东盟示范合同条款指南》全文请见Guidancc for Use of Asean Model Contractual Clauses for Cross Border Data Flows in Singapore：https：//www.pdpc.gov.sg/-/media/Files/PDPC/PDF-Files/Other-Guides/Singapore-Guidance-for-Use-of-ASEAN-MCCs.pdf？ la=en。

⑬《东盟示范合同条款和欧盟标准合同条款的联合指南》全文请见Joint Guide to ASEAN Model Contractual Clauses and EU Standard Contractual Clauses：https：//asean.org/wp-content/uploads/2024/02/Joint-Guide-to-ASEAN-Model-Contractual-Clauses-and-EU-Standard-Contractual-Clauses.pdf。

⑭ 全球CBPR和PRP分别指跨境隐私规则体系认证和对数据处理者隐私识别认证。APEC CBPR认证适用于控制个人数据的收集、持有、处理或使用的组织(数据控制者)。该认证要求参与企业实施与APEC隐私框架一致的数据隐私政策，有助于弥合APEC区域内不同国家隐私法律的差异，减少全球贸易中信息流动的障碍。APEC PRP系统专为代表客户组织(数据控制者)处理数据的组织(数据处理者)设计，以展示其有效实施控制者隐私要求的能力。该认证向数据控制者保证，个人数据的处理至少符合APEC CBPR系统下类似的要求。

以上介绍来自新加坡PDPC官网APEC Cross Border Privacy Rules and Privacy Recognition for Processors Systems：https：//www.pdpc.gov.sg/help-and-resources/2021/10/apec-cross-border-privacy-rules-and-privacy-recognition-for-processors-system。

计划的发起国家之一，也承认 CBPR 认证计划[15]可作为 PDPA 项下个人信息跨境传输的基础。

通过上述讨论可以看到，如果东盟 MCC 与欧盟 SCC 在未来进一步融合，全球 CBPR 认证计划进一步扩容，新加坡有望进一步加强其作为区域乃至全球服务器节点的优势。对于中国企业而言，其中一种显而易见的优势就是在新加坡设立的子公司和服务器，可以作为中国总部与整个东盟成员国的传输个人信息的枢纽。

4.7　美国新规所带来的日益增加的不确定性

序号	规定名称	摘要
1	《关于防止受关注国家获取美国人大规模敏感个人数据及政府相关数据的行政命令》（第 14117 号行政命令，2024 年 2 月 28 日发布）[16]	该行政命令提出一系列针对包括中国在内的受关国家的个人和实体获取美国公民的敏感个人数据和美国政府数据的限制措施，包括指令司法部与其他部门采取措施禁止或限制受关国家的个人和实体访问和获取美国公民的基因组数据、生物特征数据、个人健康数据、地理位置数据、财务数据和某些类别的个人身份信息，以及禁止或限制涉及这些数据的特定交易
2	《防止受关注国家或涵盖主体获取美国敏感个人数据和政府相关数据的规定》（2025 年 1 月 8 日发布，2025 年 4 月 8 日生效）[17]	该规定是美国司法部根据 14117 号行政命令制定的最终规则，进一步明确了敏感个人数据和政府相关数据类型，对于与包括中国在内的受关切国家的个人和实体间具体禁止的相关交易、限制的相关交易和可豁免的相关交易，以及需要采取安全措施和具体的合规要求（包括记录保存、报告、尽职调查、审计等）

⑮ CBPR认证计划请见APEC Cross Border Privacy Rules (CBPR) System：https：//www.imda.gov.sg/how-we-can-help/cross-border-privacy-rules-certification。

⑯《关于防止受关注国家获取美国人大规模敏感个人数据及政府相关数据的行政命令》全文请见Executive Order 14117—Preventing Access to Americans' Bulk Sensitive Personal Data and United States Government-Related Data by Countries of Concern：https：//www.presidency.ucsb.edu/documents/executive-order-14117-preventing-access-americans-bulk-sensitive-personal-data-and-united。

⑰《防止受关注国家或涵盖主体获取美国敏感个人数据和政府相关数据的规定》全文请见Provisions Pertaining to Preventing Access to U.S. Sensitive Personal Data and Government-Related Data by Countries of Concern or Covered Persons：https：//www.justice.gov/nsd/media/1382521/dl？ inline。

续表

序号	规定名称	摘要
3	《消除美国在人工智能领域领导地位的障碍》（第 14179 号行政命令，2025 年 1 月 23 日发布）[18]	该行政命令指示相关机构在 180 天内制定促进 AI 发展的行动计划，维持和加强美国在全球 AI 领域的主导地位，以促进人类繁荣、经济竞争力和国家安全。 正式撤销 2023 年 10 月 30 日发布的《安全、可靠和可信的人工智能发展与使用》（第 14110 号行政命令）[19]，认为其过度监管可能抑制 AI 创新[20]。

近年来，美国在贸易、数据安全、人工智能和应用与通信等方面政策的多变，为中国企业到美国开展业务带来了诸多的不确定性。一方面，以国家安全为名的数据限制频繁出台，包括前表中梳理的第 14117 号行政命令及司法部制定的最终规则、《保护美国人免受外国对手控制应用法》[21]《安全设备法》[22]《保护信息和通信技术及服务供应链行政命令》[23] 等。另一方面，部分政策会随着总统换届出现朝令夕改的情况，例如拜登政府通过第 14034 号行政命令[24] 撤销了特朗普政府时

⑱《消除美国在人工智能领域领导地位的障碍》全文请见Removing Barriers to American Leadership in Artificial Intelligence：https：//www.whitehouse.gov/presidential-actions/2025/01/removing-barriers-to-american-leadership-in-artificial-intelligence/。

⑲《安全、可靠和可信的人工智能发展与使用》全文请见Executive Order 14110 – Safe, Secure, and Trustworthy Development and Use of Artificial Intelligence：https：//www.govinfo.gov/content/pkg/DCPD-202300949/pdf/DCPD-202300949.pdf。

⑳ 具体信息请见Fact Sheet：President Donald J. Trump Takes Action to Enhance America’s AI Leadership：https：//www.whitehouse.gov/fact-sheets/2025/01/fact-sheet-president-donald-j-trump-takes-action-to-enhance-americas-ai-leadership/。

㉑《保护美国人免受外国对手控制应用法》全文请见H.R.7521 – Protecting Americans from Foreign Adversary Controlled Applications Act：https：//www.congress.gov/bill/118th-congress/house-bill/7521。

㉒《安全设备法》全文请见H.R.3919 – Secure Equipment Act of 2021：https：//www.congress.gov/bill/117th-congress/house-bill/3919/all-actions。

㉓《保护信息和通信技术及服务供应链行政命令》全文请见Executive Order 13873 – Securing the Information and Communications Technology and Services Supply Chain：https：//www.federalregister.gov/documents/2019/05/17/2019-10538/securing-the-information-and-communications-technology-and-services-supply-chain。

㉔ 第 14034 号行政命令全文请见Executive Order 14034 – Protecting Americans’ Sensitive Data From Foreign Adversaries：https：//www.federalregister.gov/documents/2021/06/11/2021-12506/protecting-americans-sensitive-data-from-foreign-adversaries。

期的第 13942 号[25]、第 13943 号[26]和第 13971 号[27]直接针对具体中国企业的行政命令，转向关注由外国对手控制的应用程序可能带来的广泛风险，以制定更具系统性和可执行性的政策，而特朗普政府又通过第 14179 号行政命令撤销拜登政府第 14110 号行政命令，以防止过度监管抑制 AI 创新。

面对这种不确定性，企业在设计全球数据传输的架构时，需要预留应对未来政策变化的适应和调整空间，用一句俗语概括就是不要将鸡蛋都放在一个篮子里。例如，考虑采取多区域的数据架构、多云部署、本地化存储、跨境数据隔离、多地备份、避免算法和供应链的单点依赖等措施，来面对和分散类似的极端风险。

4.8 自相矛盾的匿名化概念

来自多个行业的合规与技术人员都表达过对于匿名化问题的困惑，我们也有同样的体会。大家在讨论匿名化的概念时很热闹，不过在实际业务场景中，要问到敢不敢真的运用“匿名化”这一工具，来主张处理后的数据集不再属于个人信息，以达到不受个人信息保护法律约束的效果，得到的回应往往是沉默。

这样的情况和欧洲数据保护委员会（EDPB）及其前身第 29 条数据保护工作小组（WP29）在 2007 年（Opinion 04/2007）和 2014 年（Opinion 05/2014）两份意见中对于匿名化说理的不确定性可能存在一定的关系。

为了便于说明，我们尝试用更为直白的语言来探讨匿名化这一问题。撇开定

㉕ 第 13942 号行政命令全文请见Executive Order 13942 – Addressing the Threat Posed by TikTok，and Taking Additional Steps To Address the National Emergency With Respect to the Information and Communications Technology and Services Supply Chain：https：//www.federalregister.gov/documents/2020/08/11/2020-17699/addressing-the-threat-posed-by-tiktok-and-taking-additional-steps-to-address-the-national-emergency。

㉖ 第 13943 号行政命令全文请见Executive Order 13943 – Addressing the Threat Posed by WeChat，and Taking Additional Steps To Address the National Emergency With Respect to the Information and Communications Technology and Services Supply Chain：https：//www.federalregister.gov/documents/2020/08/11/2020-17700/addressing-the-threat-posed-by-wechat-and-taking-additional-steps-to-address-the-national-emergency。

㉗ 第 13971 号行政命令全文请见Executive Order 13971 – Addressing the Threat Posed by Applications and Other Software Developed or Controlled by Chinese Companies：https：//www.federalregister.gov/documents/2021/01/08/2021-00305/addressing-the-threat-posed-by-applications-and-other-software-developed-or-controlled-by-chinese。

义和术语，可以把匿名化理解为：对个人信息进行处理，处理后的信息无法再用于识别某个人的具体身份。这时候的问题自然就是，哪种程度的无法再用于识别才满足要求？如果是绝对意义上的无法再识别，这个概率就是零，那么这个问题又会回到无解的状态。因为总会有一种极端的假设问题，谁能够确保这种零概率的效果，哪种技术能够确保这种零概率的效果？

EDPB 及其前身 WP29 显然是意识到这个问题，所以他们澄清道，匿名化并不是指要达到绝对为零的再识别概率，在 2007 年的意见中提到判断再识别的可能性时需要考虑“控制者或第三方可以合理使用的全部方式”，在判断标准方面，WP29 强调需要考虑在再识别时需要用到的技术、成本和具体方式，“仅是理论上存在再识别个人的可能性”并不影响处理后的信息仍然可满足匿名化的要求。

如果从“技术不可逆”的角度分析匿名化，会不会得出另外一个结论呢？技术不可逆是指在采取措施处理个人信息后，在技术层面无法再还原识别同一主体的身份。采取这种说法，也还是没能回避前面讨论的问题。技术不可逆是指理论上的绝对不可逆，还是在综合考虑场景、技术和实施成本后而得出，可逆的可能性足够低。按照 EDPB 及其前身 WP29 的意见中的分析逻辑，显然是指后者，所以即使按照技术是否可逆为评判标准，在匿名化问题上也能得出同样的结论。

在随后 2014 年的意见中，WP29 大体沿用了同样的思路解释匿名化的概念。造成理解不一致的原因可能是 WP29 在意见中阐述匿名化概念时，有部分表述在理解时容易引起歧义。例如，在说理时 WP29 提到[28]，如果控制者不删除原数据（可识别个人的数据），处理后的数据仍然构成个人信息。

这种意见增加了大家在实践层面的困惑，需知道原数据的删除并不是一件简单的事情，原因是原数据既和监管要求相关，也和数据可用性息息相关。例如，在人工智能医学影像数据的处理过程中，有时会以患者编号（PID）作为锚点，关联标注和处理后的医学影像数据，而且我们了解到医院监管规则方面往往要求

㉘ 参见p.9，Opinion 05/2014 on Anonymisation Techniques：Thus，it is critical to understand that when a data controller does not delete the original (identifiable) data at event-level，and the data controller hands over part of this dataset (for example after removal or masking of identifiable data)，the resulting dataset is still personal data. Opinion 05/2014 on Anonymisation Techniques全文请见https：//ec.europa.eu/justice/article-29/documentation/opinion-recommendation/files/2014/wp216_en.pdf。

确保这些医学影像数据的可溯源性，一旦删除反而会构成违规。另外一个例子是保险行业精算师在开发和计算各种保险产品时，也指出过度去识别化和完全删除会影响数据集的可用性。

匿名化、假名化和去识别化技术本质上都是处理后的信息有多大可能性再用于识别个人身份，也就是“身份再识别的概率”。在理论和定义层面清晰表明这三个概念不是一回事，但是在实践中，我们可以观察到，无论是法律规定还是监管机构的指引，对于哪种程度的“再识别概率”是匿名化，哪种再识别风险属于假名化和去识别化，仍然未有确定的界限。

由匿名化的问题可以引申观察到一个更为有趣的实务问题。当初欧盟制定GDPR的初衷之一就是确保个人信息规则在各成员国的统一适用，不然每个国家都有自己的一套做法，那也就无法实现单一数字市场这一政策目标。

在过去数年的项目中，我们越发感觉到GDPR的统一适用的实施并没有设想的那样顺利。就这个问题，我们问过不只一位欧洲数据律师的真实感受。问题也问得直接，我们说从理论层面探讨，希望了解的是作为一名欧洲数据律师，你们觉得GDPR的在全部成员国的统一适用这个目标达成了吗？或者说你们觉得GDPR的实施是朝着这一目标在推进，还是说在过程中各成员国的不一致越来越多？

现在回到匿名化问题上来说明为什么GDPR的统一适用确实是存在一些问题。为了便于展示效果，我们准备了以下表格：

序号	监管机构	对于匿名化问题所持的态度
1	爱尔兰数据保护委员会	处理后的信息可能有再识别身份的风险，在有适当保护措施的前提下，这种风险是可接受的。换言之，如果再识别风险可控，不影响处理后的信息仍然符合匿名化的要求
2	法国数据监管机构CNIL	采取了更严格的判断标准
3	英国信息专员办公室	采取了类似爱尔兰数据保护委员会的立场

有的建议指出，这个问题有待进一步指引发布。对于这个问题，我们的预判是在判断再识别风险时，未来的有关指引不太可能会有助于解决确定性问题，这是由于技术和可以用于识别的信息时刻都是处于动态变化中，这也会导致未来的

指引在细化时，大概率仍然停留在把相关因素重新排列组合再加以说明的模式。

这种分析可能会令人感到失望，有的从业人员会问，到最后匿名化概念会不会形同虚设了？

我们的看法是，EDPB 和其他监管机构在这个问题上会采取技术中立态度，虽然通过指引无法确切回答是否构成匿名化，但是各行业在隐私保护实践中的实证数据会逐渐给出答案。试举两例说明，美国人口普查过程中会使用差分隐私技术保护被访人员的隐私，在生物医药数据的处理和保护方面广泛运用 K– 匿名技术处理数据。如果有充分的实证数据证明这些技术在具体场景中对个人信息的处理和保护可达到监管机构设想的程度，那么监管机构可能会愿意考虑并认可这些技术满足法律中关于匿名化的要求。

4.9 全球反商业贿赂举报平台的个人信息出境问题

在企业治理层面，道德责任和社会责任已被广泛视为大企业战略管理的组成部分，这也就要求企业需要确定道德责任和社会责任的价值体系和优先事宜。作为实现这一管理目标的一项措施，不少跨国公司都会设有各种类型的道德责任平台、廉洁举报平台、反商业贿赂举报报告专线等，这些设置的名称不同，但是整体上是遵循着保护举报人身份和事件保密的原则来设计。常见的安排是把这类型平台设置在某国的服务器上，然后全球各个地方的员工都可以利用这一平台举报违法违规事件。这类平台的特点是信息严格保密，在企业内部仅是特定委员会和董事会成员有权查阅。

这类平台涉及个人信息出境问题，与常规的个人信息出境的处理方式有较大不同，所以有必要再次审视这个问题。类似平台在数据跨境传输时遇到的挑战是由于平台涉及的情况和信息高度保密，以至于即使是对律师也无法进行披露，这样基础的数据映射图都无法完成，那又如何后续根据事实进行必要的评估？这就导致在评估时，需要在不了解基础事实的前提下，评估是否可能触发特定国家关于个人信息出境的相关规定。

假设中国子公司的人员也可以使用这个系统，公司有必要按照中国法律判断哪些信息发到境外的平台上，那怎么从中国《个保法》的角度看待这个问题呢？

第一个最直观的角度，是从个人信息出境角度看待这个问题。第二个角度是从《个保法》第三条的情况，即境外平台运营者直接收集和处理中国境内自然人的个人信息，那这种道德责任举报平台提供的可以算是产品或者服务吗？第三个角度能不能视为属于《个保法》和《促进和规范数据跨境流动规定》中的例外情形呢？

在无法充分准备数据映射图的前提下，就需要从法律适用层面来尝试解决这个问题了，而数据流向的设计，又可能影响法律的适用性，所以在这一场景中，对于数据跨境传输的处理方式与一般业务场景有着实质的不同。

4.10　涉及全球数据传输架构时的考量因素

数据的跨境传输监管是一热门话题，全球运营企业的数据流动，并不是单点对单点的出境入境。事实上，企业在全球多个国家设有商业实体、服务器和人员，而这些元素并不是一一对应的关系，商业实体和服务器之间如何衔接进行数据传输，存在多种可能性，这就导致了如何设计符合企业业务和 IT 架构设置的数据跨境方案，具有相当的复杂性。

全球服务器部署在数据跨境传输方面需要基于非常多的考虑因素进行综合决策，包括业务功能的配置和协调、法律和合规要求、IT 部署的成本和效率、当地雇员和合作方的角色和分工等。这里我们想提示的是，基于这些因素进行全球数据跨境传输架构设计时，需要具有足够的前瞻性。这不仅是为了应对现在各国快速发展的合规要求，还有基于我们观察到的因为前瞻性不足导致阻碍业务快速拓展，影响技术架构升级，阻碍数据整合利用等情形，后续不得不付出高昂的成本和更多的时间进行重构系统、重整数据传输链路等。但是实现这种前瞻性在现实中亦不容易，就拿数据合规要求来说，这方面的考虑和决策不局限在 IT 与合规部门，管理层、IT、合规、业务部门对法律规定的理解不一致，且决策的出发点不一致，都会增加实际决策的复杂程度。

另外，IT 与合规部门的信息不对称以及缺乏沟通和协作的现状，也进一步增加了这部分工作的难度。这里有必要展开说明，IT 与合规部门的衔接问题也是数据监管规定快速发展的必然结果之一。对数据立法进行回顾就可以发现，数据监管的概念提出之前，数据与网络安全在企业内部一般就是属于信息安全的范畴，如何建设 IT 架构，如何设置服务器以及如何传输数据，法律规则一般不直接介入评价。数据立法其中一个重要影响就是会对部分数据与网络安全问题进行法律评价，这也是大家经常说的合规评价。

然后我们再次聚焦这个问题，近年来各国出台的数据立法，是对企业的跨境传输行为进行法律评价，这种是否合规的法律评价，在企业内部对应的是法务与合规部门，但是数据怎么传输，以往都是属于 IT 部门的职能，这也很好地说明了为什么在应对数据跨境传输的问题，相当一部分企业部门间的协作与衔接并不是很顺畅。这种错配与衔接问题，还是需要企业从组织架构层面进行再调整与分工，才有望真正解决问题。

4.11 中国关于数据出境的监管体系

中国企业出海，要确保数据出得去和进得来。数据从境外回传至中国，需要遵守境外国家和地区的数据跨境传输规定。同时，数据从中国向境外传输，也要考虑中国法律关于数据出境的规定。

中国对于数据出境已经形成了全面的监管体系，涵盖了特定数据类型（不局限于个人信息）、特定主体、特定场景和特定行业数据出境的规则，在保障国家数据安全的前提下，便利数据跨境流动，降低企业合规成本，充分释放数据要素价值，扩大高水平对外开放，为数字经济高质量发展提供法律保障[29]。

在个人信息出境层面，中国已建立多种个人信息出境路径，企业可以根据具体情况选择适用方式，包括申报数据出境安全评估，签署并备案标准合同，通过个人信息保护认证，以及符合豁免条件的，向境外传输个人信息可以免予履行前述三个程序。

㉙ 参见《促进和规范数据跨境流动规定》答记者问：https://www.cac.gov.cn/2024-03/22/c_1712776611649184.htm。

内地和港澳的主管部门联合发布了适用于粤港澳大湾区的个人信息跨境标准合同，促进粤港澳大湾区个人信息跨境安全有序流动，推动粤港澳大湾区高质量发展[30]。

北京自贸区和上海自贸区及临港新片区分别发布场景化、字段级的数据出境负面清单，并明确自由贸易试验区内数据处理者向境外提供负面清单外的数据，可以免予履行评估、备案和认证程序，以建立高效便利安全的数据跨境流动机制[31]，进一步促进和规范数据依法有序出境[32]。

中国针对特定的主体、特定的数据类型和特定的行业制定了特别的监管措施。

关键信息基础设施运营者在网络安全和数据安全方面有着更重的安全义务和责任。法律法规明确关键信息基础设施运营者向境外传输个人信息和重要数据应当通过数据出境安全评估。

重要数据处理者对重要数据同样有着更严格的保护义务。在重要数据出境方面，数据处理者向境外传输重要数据应当申报出境安全评估。

㉚《粤港澳大湾区(内地、香港)个人信息跨境流动标准合同实施指引》请见https：//www.gov.cn/zhengce/zhengceku/202312/content_6920259.htm。

《粤港澳大湾区(内地、澳门)个人信息跨境流动标准合同实施指引》请见https：//www.cac.gov.cn/2024-09/10/c_1727567893741986.htm。

㉛ 参见北京市互联网信息办公室等三部门关于印发《中国(北京)自由贸易试验区数据出境负面清单管理办法(试行)》《中国(北京)自由贸易试验区数据出境管理清单(负面清单)(2024版)》的通知：https：//www.beijing.gov.cn/zhengce/zhengcefagui/202409/t20240902_3787646.html。

㉜ 参见《中国(上海)自由贸易试验区及临港新片区数据出境管理清单(负面清单)(2024 版)》答记者问：https：//www.lingang.gov.cn/upload/1/cms/content/editor/ac2a296d-70a3-47fc-9008-fe5d887eaf73.pdf。

一些行业主管部门对本行业的数据出境进行规定。例如，医疗健康行业要求对健康医疗大数据出境[33]和患者信息等敏感数据出境[34]，依照规定进行安全评估。证券业禁止未经批准向境外提供相关资料[35]。此外，征信业、银行业、汽车行业和电信行业等行业也就本行业的数据出境进行了规定。由此可以观察到，这些行业本身就有较为严格的行业监管要求，数据具有一定的敏感性，对数据出境的管理也更加审慎。

对于因为外国司法或执法机构的要求而需要向境外传输数据的特殊情形，法律明确未经中国主管机关批准，境内的组织、个人不得向外国司法或执法机构提供存储于中国境内的数据[36]。这些请求若属于民商事和国际刑事司法协助范畴，在中国已有明确的主管机关和司法协助途径[37]。对于司法协助范畴之外的事项，如何

㉝《国家健康医疗大数据标准、安全和服务管理办法(试行)》全文请见http://www.nhc.gov.cn/mohwsbwstjxxzx/s8553/201809/f346909ef17e41499ab766890a34bff7.shtml。

㉞《国务院办公厅关于促进"互联网+医疗健康"发展的意见》全文请见https://www.gov.cn/zhengce/content/2018-04/28/content_5286645.htm。

㉟《中华人民共和国证券法》第一百七十七条 国务院证券监督管理机构可以和其他国家或者地区的证券监督管理机构建立监督管理合作机制，实施跨境监督管理。

境外证券监督管理机构不得在中华人民共和国境内直接进行调查取证等活动。未经国务院证券监督管理机构和国务院有关主管部门同意，任何单位和个人不得擅自向境外提供与证券业务活动有关的文件和资料。

㊱《数据安全法》第三十六条 中华人民共和国主管机关根据有关法律和中华人民共和国缔结或者参加的国际条约、协定，或者按照平等互惠原则，处理外国司法或者执法机构关于提供数据的请求。非经中华人民共和国主管机关批准，境内的组织、个人不得向外国司法或者执法机构提供存储于中华人民共和国境内的数据。

㊲《中华人民共和国国际刑事司法协助法》

第4条 中华人民共和国和外国按照平等互惠原则开展国际刑事司法协助。

国际刑事司法协助不得损害中华人民共和国的主权、安全和社会公共利益，不得违反中华人民共和国法律的基本原则。

非经中华人民共和国主管机关同意，外国机构、组织和个人不得在中华人民共和国境内进行本法规定的刑事诉讼活动，中华人民共和国境内的机构、组织和个人不得向外国提供证据材料和本法规定的协助。

《国际民商事司法协助常见问题解答》

二、关于调查取证

5. 外国司法机关或司法人员如何调取位于中国境内的证据材料？

答：应根据条约规定途径，由外国具有提出取证请求资格的司法机关或个人向司法部提出调查取证请求。与中国未缔结相关条约的，应向外交部提出请求。请求经审批后由人民法院执行，结果由请求接收部门答复请求方。

6. 外国司法机关或个人能否直接询问(包括通过电话、视频等技术手段)位于中国境内的证人？

答：不能。中国在加入《海牙取证公约》时已对公约第二章除第15条之外全部作出保留，不允许外国司法机关直接向位于中国境内的证人取证。外国相关机构应通过条约规定途径向司法部，或通过外交途径向外交部提出取证请求，请求经审批后由人民法院执行。

7. 外国司法机关或相关人员能否委托中国境内的律师或其他机构询问证人或其他人员，或调取位于中国境内的材料，并将结果用于外国法院的诉讼？

答：根据中国《民事诉讼法》，取证由人民法院或者经人民法院批准后由律师进行，其他任何机构或个人不得在中国境内进行取证。

申请中国主管机关的批准，目前尚缺乏明文规定和清晰的流程。

关于中国对于数据出境的监管体系和各种数据出境的机制和要求，在此不再详细展开。

4.12 小结

以上各章节从不同角度审视了与数据跨境传输相关的问题，多因素共同作用决定了如何制定适合企业的全球数据传输方案，具有相当的复杂性。可以预料到，在未来无论是投资设立主体，还是部署服务器地点，或是进行诉讼仲裁，凡是涉及数据跨境传输活动的，都需要判断每项活动是否可能触发数据跨境流动规则的适用。

5.响应数据主体权利

5.1 权利意识觉醒下的行权与响应

我们经常说，GDPR 是一部以权利为基础的个人信息保护立法。为了实现数据主体的权利，离不开两个方面：一是对控制者施加的义务；二是赋能数据主体各种权利，义务与权利共同构成了对个人信息的保护，两者缺一不可。在这个脉络之下，如何实现数据主体可主张的各种权利，也就是合规建设中必然涉及的问题了。

说到数据主体的权利，各国立法都比较接近，这也是 GDPR 在全球范围内施加影响力的最好证明，除了比较具有争议的删除权和可携权这两种权利，对于其他数据主体权利的理解，大家的理解似乎相当接近。

从另一个角度来看，数据主体请求控制者实现其享有的权利，也是数据主体最容易感知的一个环节。例如，控制者有没有及时响应，有没有在拒绝时给出解释等，这也就导致了实现数据主体权利这个环节，是容易引起投诉的。如果处理不当，可能有后续的麻烦事要跟进。

我们还是拿数据说话，根据 DataGrail 公司的统计[①]，近年来数据主体请求的数量一直呈现增加趋势，从 2021 年到 2023 年，数据主体权利的请求数量增长了 246%。Statista 的统计数据显示，至 2023 年，全球有超过四分之一的互联网用户表示行使过数据主体访问请求权[②]，这些都说明了个人对于自己权利意识的觉醒。

---

① Alicia diVittorio. Unveiling DataGrail’s 2024 Data Privacy Trends Report：The Time Data Subject Requests Surged 246% in Two Years [EB/OL]. DataGrail. (2024-04-30)[2025-05-03]. https：//www.datagrail.io/blog/privacy-trends/privacy-trends-2024/.

② Statista. Share of internet users worldwide who have exercised their rights to Data Subject Access Request (DSAR)from 2022 to 2024 [EB/OL]. (2024-10)[2025-05-03]. https：//www.statista.com/statistics/1440867/dsar-exercised-internet-users-global/.

另外需要特别注意的是，在美国就有记者持续关注和报道这类的消息，还有记者因为报道这类新闻入围普利策奖决赛和获得杰拉尔德·洛布奖[③]。

如果企业的产品和服务在国外卖得还不错，或者在应用市场的下载排名靠前，那就要做好被个人信息权利组织和记者盯上的准备，切不可大意地认为数据主体仅在纸面上拥有权利，处理不当的话，可能引起的负面影响不只停留在个案层面，后续会发酵为监管投诉和媒体曝光，所以对于数据主体的权利行使要求需要有既定流程来处理，切不可掉以轻心。

5.2 App 没有账户体系，是不是就不需要响应数据主体的权利请求?

提出这个问题的不止一家企业。这个问题的逻辑是，我们的 App 没有设计用户账户体系，用户不需要注册就能使用产品，用户要求我们说明收集了哪些个人信息，我们不掌握用户姓名，因此无法核实用户身份，回应起来有困难。另外一种常见的理解是，我们没有账户体系，不收集用户个人信息，也就不需要回应这类请求了。除了游戏类型 App，营销科技服务商的产品也经常面临类似问题。

这个问题的答案很清晰，无论有没有建立账户体系，用户有没有注册账号，当用户提出查询请求，公司都需要进行回应。如果既没有账户体系，也不收集任何个人信息，直接回复说明即可，切忌沉默不回应。

有些情况是虽然没有账户体系，但是会收集 Android ID 或 IDFA 之类的设备识别号，这些识别号与其他信息结合，可能构成个人信息，因此在回应用户的查询请求时，一般也会列明收集的数据类型和字段以及用途。另外，有的用户会特别要求 App 运营方说明出售和共享个人信息的情况，这个问题也需要认真把握，具体请见下面的讨论。

---

③ Julia Angwin是一位调查记者，她在《华尔街日报》担任记者期间，领导了一个隐私调查团队，该团队在2011年获得普利策解释性报道奖的决赛入围资格，并在2010年获得杰拉尔德·洛布奖。更多信息请见https://juliaangwin.com/。

5.3 响应请求前谨记核实身份，避免泄露个人信息

这类请求大多是用户发送一封邮件，要求公司说明收集了用户哪些信息，是怎么用的。这类请求再细分，一般是两种问法，第一种是泛泛地问 App 收集了什么信息，对于这种问法，直接引用隐私政策的描述就可以。第二种问法是先给出一个 App 账户，然后问关于这个账户 App 收集了哪些信息。

这两个请求看起来都很简单直接，不过在实践中进行响应时，我们观察到有的公司还是会出现应对不当的处理方式，分别举例说明。

第一种泛泛的查询，应对很简单，只需要根据隐私政策描述回复确保一致性即可。这里可能发生的问题是把这个问题转交 IT 部门处理，然后 IT 部门把技术文档中的字段描述发过去，如“CPU information such as model，the number of CPUs present，frequency，and instruction set support flags”这样的表述。大家会注意到，这种技术文档描述在放进去隐私政策的过程中，都会进行调整表述。由于 IT 部门一般不负责隐私政策，所以在响应时照搬技术文档，就会给用户造成感官上的不一致。

第二种查询的问题在于，有的用户不是用 App 的账户注册邮箱发送请求，用户用另外一个邮件发送请求，然后要求提供关于一个 App 账户的信息收集情况。这里容易出问题的是，App 运营方没有核实用户身份就直接回复了。这里的风险显而易见，如果发邮件的不是 App 账户的注册用户，那等于没有取得用户同意就把信息提供给第三方了。

前面两个例子揭示出来的问题是，如果没有合理设计内部响应流程，不注重实施的细节，再完整的数据合规体系在实施时也会出现各种漏洞。

5.4 遇到友商伪装成用户来要求行使数据主体权利怎么办？

这个问题比较有趣，友商的人员也可以注册为用户，然后要求行使数据主体权利。这种做法的背后动机各式各样，可能是获取更多信息，可能是看看竞标产

品的合规做得好不好，或者想把竞品的合规流程直接拿来用。动机虽然不一，但只要遵循隐私政策中的流程和联系方式提出请求，都应该进行响应。

有的公司可能会说，这些友商的行为，看着就想来刺探信息和套话的，不想搭理这些请求。

不回应的做法肯定是不行的，这种请求的背后动机是刺探信息也好，是套话也好，是捣乱也好，对于是否响应数据主体权利请求而言，都是不相关的考虑因素。

收到这种请求之后，正确的做法只有一种，那就是按隐私政策中承诺的时限和流程进行响应。

5.5 SDK 开发者有义务响应数据主体的权利行使吗？

这个问题的提出，主要是因为，SDK 作为一种工具，集成到 App 中后才开始相应的数据处理活动，用户没有感知。从 SDK 视角是 SDK 有义务响应吗？从 App 角度是 App 是要通知 SDK 相应，还是 App 自己响应？

一般而言，SDK 是实现 App 功能的工具，App 根据自身的业务需要集成 SDK，在这样的安排下，App 运营方适宜界定为个人信息处理者，SDK 开发者适宜界定为受托处理者。按照法律规定，个人信息处理者有响应的义务，而且由于 App 直接面向用户，App 运营方响应也是更为直接和高效的选项。但同时我们也注意到，对于一些刚起步的 App 运营方来说，预算十分有限，而 SDK 开发者的一款 SDK 可能同时嵌入在数十款 App 中。因此，如果由 SDK 开发者同步提供对应的响应个人信息主体权利的功能，在一些 SDK 中属于成本更优的选项。我们也观察到，有的 SDK 开发者在其网站上可以让用户输入 Android ID 或 IDFA 后即可退出由该 SDK 开发者提供的服务[④]。

关于 SDK 开发者是否有义务直接响应数据主体的权利行使要求，主要取决于 SDK 是否直接收集用户信息，在直接收集的情况下 SDK 开发者应实现这些请求。不过在大部分情况下，SDK 都是作为工具被嵌入 App 之中，这时候 App 负

④ 参见SDK退出机制示例：https://www.jiguang.cn/disclaimer。

有响应数据主体权利行使的义务，有的 App 会通过开发者协议约定由 SDK 开发者配合响应。由此可见，在 App 嵌入 SDK 的情况下如何响应数据主体的权利行使要求，不只一种途径可供选择。

5.6 遇到用户要求 App 披露与第三方的信息共享情况，需要披露到什么程度？

这类问题也会经常遇到，这取决于用户的提问方式，不同的提问方式需要回应的内容详略不同，总的把握原则是“问什么答什么”，既不答非所问，也不多说无关的。

这里我们还是从业务场景中可能遇到的问题出发，假设 App 运营方收到一个请求：“我要求贵司说明和第三方出售和共享用户信息的情况，并把相关合同扫描件提供给我，确保我的知情权。”

面对这个问题，App 运营方应该如何回应，试展开分析。

首先要看看提出请求的是不是 App 的注册用户，如果不是，那就是援引隐私政策中的内容即可，然后看看还有没有进一步的问题。这里的思路就是保持以静制动，因为还不知道提问的具体指向和动机。

如果是 App 的注册用户，那就要具体回应这个问题，回应的详细程度大致有两种：第一种是披露共享用户信息的主体类型，如 IT 服务商、营销公司；第二种是披露共享用户的清单，清单上会把共享主体的名称和字段都列出来。

至于要求提供合同扫描件，暂时看不到有清晰的法律基础支持，实践中还没遇到会这样响应的公司。

回到披露的程度这个问题，按照数据主体权利机制的设计初衷出发，如果用户要求披露共享信息的完整第三方主体的清单，我们认为是有道理的，原因是这样才能够确保用户的知情权，如果仅是披露到第三方的类型，实质上用户是无法全面和清晰把握其信息是如何共享和利用的。

那么在实践中，为什么还有相当多的公司仅是披露到第三方的类型，而不是清单呢？

据我们观察，主要是两种原因，第一种原因是公司已经把第三方清单梳理出来了，但是出于商业和保密的需要，会顾虑这些完整清单会不会过多地暴露了公司在某方面的现状和全貌，如暴露了公司在线上营销领域的完整合作方清单。

公司的这种考虑是具有正当性的，那么就要考虑具体的披露方式。例如，如果有保密和商业考虑，就不在隐私政策里公开披露，只有当用户进行查询时，才披露完整清单，这也是一种可供考虑的方案。

第二种原因是合作的第三方主体太多了，加上内部没有意识持续的梳理完整清单，所以当准备隐私政策附录时，就会听到这个太多了、梳理起来太难了这种回应。需要指出的是，主体太多和梳理起来太耗时，并不能够成为拒不披露的有效抗辩。要是用户较真起来，那么公司就会比较被动。

5.7 注销账户就要删除用户信息吗?

这个问题本质上是删除权响应的时间节点问题。对于这个问题的第一印象是，用户把账户注销掉了，不再继续使用服务，用户当然可以要求删除其信息。

作为上一个问题的延伸讨论，对于响应删除权的抗辩，有的 App 和人力资源 SaaS 服务商提过这么一种考虑，那就是后台有数据显示，有的用户在注销账号后，时隔几个月又会重新注册成为用户。有的还说过，这部分用户的量还不少，不能忽略不考虑，那能不能以这个作为理由，作为在账户注销后不删除用户信息的理由？

这个问题可以从两方面来看：一是拒绝删除，这个我们尝试做过正当化的论证，最后发现很难成立；二是在隐私政策中明确告知保留期限，明确 App 已经考虑到这种情况，在账户注销后合理时间内（如 3—6 个月）将会删除用户信息。

通过以上讨论，可以得出以下几个规则用于指导实务中的判断：

用户注销账户和用户信息删除，一般不会是同一个时间节点。

用户注销账户后，是否需要删除用户信息，取决于用户协议的约定和双方的履约情况。

员工信息的删除问题，除以上分析的适用外，还要考虑人力资源管理场景这一场景，其中员工信息的处理存在额外的考虑因素，详细分析请见本章下一小节“删除权的边界在哪？员工对于其个人信息真有删除权吗？”的分析。

5.8 删除权的边界在哪？员工对于其个人信息真有删除权吗？

5.8.1 删除权的边界

删除权的边界和内容一直都有争议。我们对于删除权的观点是，删除权并非一项绝对权利，删除权的主张和行使受到诸多限制。更为重要的是，理解和掌握删除权不能仅停留在GDPR的条文中寻求答案，需要把删除权放在整个法律体系中进行目的解释，这样才能得出合理的判断。

我们对于删除权的第二个观点是，删除权的判断很大程度是基于企业制定的个人信息保存期限指引，指引的制定在各个国家的思路大致相同，需要考虑法定义务与合同义务决定。

法定义务不难理解，指的是法律对特定类型信息的保存期限有规定，这种规定一般是两种形式，第一类规定是明确年限，这类规定常见于电子商务、金融信息服务等领域，例如在我国的《电子商务法》[⑤]《反洗钱法》[⑥]《金融机构客户尽职调查和客户身份资料及交易记录保存管理办法》[⑦] 等规定中，都有这类规定。第二

⑤《电子商务法》第三十一条规定，电子商务平台经营者应当记录、保存平台上发布的商品和服务信息、交易信息，并确保信息的完整性、保密性、可用性。商品和服务信息、交易信息保存时间自交易完成之日起不少于三年；法律、行政法规另有规定的，依照其规定。

⑥《反洗钱法》第二十四条规定，金融机构应当按照规定建立客户身份资料和交易记录保存制度。

在业务关系存续期间，客户身份信息发生变更的，应当及时更新。

客户身份资料在业务关系结束后、客户交易信息在交易结束后，应当至少保存十年。

金融机构解散、被撤销或者被宣告破产时，应当将客户身份资料和客户交易信息移交国务院有关部门指定的机构。

⑦《金融机构客户尽职调查和客户身份资料及交易记录保存管理办法》第四十六条规定，金融机构应当按照下列期限保存客户身份资料及交易记录：

(一)客户身份资料自业务关系结束后或者一次性交易结束后至少保存5年；

(二)交易记录自交易结束后至少保存5年。

如客户身份资料及交易记录涉及正在被反洗钱调查的可疑交易活动，且反洗钱调查工作在前款规定的最低保存期限届满时仍未结束的，金融机构应当将相关客户身份资料及交易记录保存至反洗钱调查工作结束。

同一介质上存有不同保存期限客户身份资料或者交易记录的，应当按最长保存期限保存。同一客户身份资料或者交易记录采用不同介质保存的，应当按照上述期限要求至少保存一种介质的客户身份资料或者交易记录。

法律、行政法规对客户身份资料及交易记录有更长保存期限要求的，从其规定。

类规定没有明确的时间要求，而是表现为实现目的所必需，例如提供服务所需要的期限，这类规定与个人信息保护规定的思路一样。

回顾谷歌的删除权案件，如果大家同意删除权并不是一项绝对权利，需要与言论自由权利进行平衡，那同样道理，删除权也应该与其他权利进行平衡，如法定义务与合同义务同样可以对删除权构成限制。

5.8.2 员工对于其个人信息真有删除权吗?

在与企业讨论和服务过程中，我们观察到，当讨论到各种个人信息主体的权利时，大家似乎对删除权特别关注，这样一种现象不知道是不是也是由 GDPR 的溢出效应所导致的。这种对于删除权的重视也蔓延到了人力资源管理场景，在协助企业处理员工个人信息合规项目时，删除权被问到的频率也明显高于其他几种个人信息主体权利。

这个问题问得越多，也就意味着有越多机会来审视它。通过总结实践经验，我们认为在人力资源管理场景下的员工个人信息删除权，是一项受到诸多限制的权利，在很多场景中这个不是及不及时删除的问题，而是如果不当删除或者过早删除，那可能引起的后果也同样严重。

试举几例来说明这个问题。有的员工在职期间参与过公司的重大交易，有的交易的保密协议的保密期限是永久保存，在这种情况下如何确定保存期限？有的员工希望由前雇主在日后提供背调支持，但是又没约定期限，这种情况下又如何确定期限？员工涉嫌违规和舞弊的调查记录，又该如何删除？

在处理这些实际问题的同时，也促使我们不断思考在人力资源管理场景下的删除权的边界在哪里。各国个保法都没有说员工个人信息怎么处理，但是一般都会规定目的限制原则。单看这个原则还是没法指导实践，还需要考虑影响员工删除权的变量。我们尝试把影响员工信息删除权的变量提炼出来，这些变量可以用于不同国家员工个人信息删除权的判断。概括而言，影响离职员工的信息删除权的变量因素主要来自以下几个方面：

（1）劳动相关法律法规、人力资源规章制度以及公司与员工签署的协议（例如保密协议、竞业限制协议）；

（2）关于企业文件材料归档保管期限的规定；

（3）新的用人单位可能会向前用人单位核实员工信息或获取评价；

（4）公司内部调查需要保存证据，如公司就贪污受贿、营私舞弊、洗钱等开展调查；

（5）各种关于诉讼时效的规定，相关的以最长的为准；

（6）公司根据其他法律法规的规定，也可能具有继续保留离职员工信息的义务。

另外，在交流和实践过程中，我们发现无论是中国公司还是外国公司，在HR场景下确实有不少类型的员工信息是永久保存的。基于这个问题，企业也没给出具体的原因，大家惯常做法就是这么存。但是也有企业担心一直这么存着是不是有问题？我们发现不一定有问题，这些企业虽然没有删，但是采取了一系列措施，比如设置流程确保调取使用有依据、有审批、有记录，采取措施确保安全。这样下来，虽然信息没有删，但是风险是可控的。

上面讨论了很多删除的限制，可能大家会有困惑——员工信息是不是一概都不能删呢？其实不是，有一些是可以删除或脱敏的，例如以下信息：

（1）员工的体检报告、病历和包含诊疗健康信息的档案原件一般会在离职后删除；

（2）员工的银行账户信息可作脱敏处理；

（3）员工的子女和配偶的信息可作删除或脱敏处理。

另外，员工的邮件备份需要保存的期限，各行业处理方式不同，本所理解到暂未有统一的保存期限。有的企业会要求员工进行交接后，不再保留邮件备份。有的企业会根据员工级别分别设定不同的保存期限。

总体而言，离职员工信息的删除权受到诸多限制。在离职员工要求行使信息删除权时，公司应按照离职员工的级别、岗位性质和公司收集的信息类型进行判断是否可履行删除权。需要注意的是，对于离职员工的删除请求，应设有处理流程，公司拒绝行使删除权利的，应当说明理由。

在响应员工要求行使删除权时，会有少数企业误以为删除权是一项不受制约的法定权利，这种误区应避免。

5.9 小结

通过这一章对数据主体权利如何行使和响应的讨论，可以看出，在法律规定中看似简单的规定，在实践过程中会有各种问题出现，有的问题甚至超出预料。正是基于类似的应对经验，我们认——如何在业务流程中落实这些要求，并及时准确与用户沟通互动，是一项费时耗力的工程。在参与过的项目中，已经可以看到有的跨国企业已经专门成立工作小组来制定数据主体权利的处理流程和回复标准。

6.如何有效应对数据安全事件

6.1 数据安全事件的再认知

个人信息泄露和数据安全事件最令企业头疼，如果应对不当，被调查罚款只是一方面，如果事件继续发酵引起舆情关注，或者是影响企业客户对于企业信息安全的信心，造成大面积解约，丢失客户，那就真是雪上加霜了。

企业出海过程中，也纷纷表示避免发生数据安全事件是合规计划必须实现的目标之一，但是另一方面也可以观察到，企业对于如何应对数据安全事件，普遍缺乏准备和演练。

这里有企业认为开展业务使用的信息系统的安全性足够好，不太可能会发生泄露问题，也有企业认为发生数据安全事件的概率和“中彩票”差不多，不会这么巧就发生在自己企业身上。

按照“越怕什么、越来什么”的墨菲定律，从我们协助处理的案件发现，越是没有准备的企业，越是害怕发生数据泄露的企业，发生数据安全事件的概率可能要更高一些。

6.2 数据安全事件的应对——怎样避免“一看就会，一做就懵”？

如何应对数据安全事件，有不同的框架和规定，从理论角度而言兼具体系性和全面性，而且细节丰富，可以说是犹如教科书一般。

例如，我国的《工业和信息化领域数据安全事件应急预案（试行）》[①] 对数据

①《工业和信息化领域数据安全事件应急预案(试行)》全文请见https：//www.gov.cn/zhengce/zhengceku/202411/content_6984322.htm。

安全事件的定义、分级、工作原则、组织体系、监测与预警和响应等问题作出了详细的规定和指引，其中附件 4 的数据安全事件应急处置流程图还提供了每一步的流程指引。

又如，美国国家标准与技术研究院（NIST）发布的网络安全框架 2.0（CSF2.0）[②] 中认为，安全事件响应是网络安全管理的关键组成部分，应该嵌入到组织架构之中。此外，NIST 就安全事件应对发布了 Incident Response Recommendations and Considerations for Cybersecurity Risk Management：A CSF 2.0 Community Profile[③]，从准备和响应两方面对安全事件的应对提供了指引。

在大家所熟知的 GDPR 合规体系下，数据泄露响应计划（Data Breach Response Plan）也是必需的合规措施之一。

虽然有以上各种完备的响应体系作为基础，我们在协助中国企业应对数据安全事件的切身体会是，企业往往呈现的是两极化的反应——要么应对得当、有条不紊，要么混乱无序、束手无策。

此外，个别企业在应对数据安全事件时，仍然将此类事件认定为技术安全问题，由技术部门采取措施后，再履行报告义务就可以了。这种认知没有充分认识到事件可能为企业带来多方面的影响，同时忽略了法律以外的因素，稍有不慎就可能导致事件的影响扩大。

6.3 数据安全事件预案的制定和演练

继续上面的讨论，是否制订了应急预案和进行了演练，在发生数据安全事件时的体现会很明显。这就是前面提到的在应对时往往呈现两极化的反应，没有中间水平这一档。

有预案和没有预案，会导致企业在应对数据安全事件时的表现差异很大。概

② National Institute of Standards and Technology. NIST Releases Version 2.0 of Landmark Cybersecurity Framework[EB/OL]. (2024-02-26)[2025-05-03]. https：//www.nist.gov/news-events/news/2024/02/nist-releases-version-20-landmark-cybersecurity-framework.

③ Incident Response Recommendations and Considerations for Cybersecurity Risk Management：A CSF 2.0 Community Profile全文请见https：//csrc.nist.gov/pubs/sp/800/61/r3/ipd。

括而言，有预案的企业在应对时，可以很大程度做到胸中有数和高效联动，在不利处境中力争将损失降到最低。

没有预案的企业在应对时，往往就是手忙脚乱、焦头烂额。这种应对大致也可以总结出来一个规律，就是涉事企业会非常着急地找上门，一来就重申这个事特别紧迫，公司上下都很重视，务必妥善处置。

不过在继续追问事件成因，采取了哪些遏制措施和恢复计划，公司各部门怎么联动应对这些问题时，一般听到的答复就是立刻报告决策部门以及协调其他部门看怎么处理，然后再打听处置事件需要产生的费用和工作，不少会说企业没有预留单独的预算，需要领导来定夺，会尽快报批。其实推进到这个程度，基本上就没有然后了，很多时候就会不了了之。

从这样一种两极化的对比，我们可以比较直观地感受到，有没有制订数据安全事件预案和演练，不是纸面上有没有形成制度，而是直接反映了企业是不是以一种有备而战的底气，准备好如何应对未知事件的不确定性和风险。

6.4 数据安全事件的报告和通知

6.4.1 发生了数据安全事件，必须报告和通知吗?

在协助已经制订了预案的企业应对数据安全事件。无论是企业内部还是外部，机构都有程序和指引可参照。大家紧密协作，快速响应。在很多情况下有望将事件的影响控制到最低程度。发生了数据安全事件，必须报告和通知吗?

无论是在中国境内开展业务，还是在出海过程中，我们观察到仍然有相当数量的企业对发生数据安全事件后是否存在法定报告义务存在误读。

这种误读主要体现为，在仔细解读法律规定之前，就笼统地先形成了一种自我理解，就是“我们发生了数据泄露，我们要赶快履行报告义务”。

这里必须指出的是，无论是从中国法律的角度出发，还是从其他国家法律的规定出发，我们暂未看到有哪一条法律规定了，无论数据安全事件的性质和后果如何，企业都负有必须报告的义务[④]。

所以正确的做法是，一定要根据自身发生的安全事件的性质和可能引起的后果来评估，对照具体国家的法律规定，看是否落入了应报告的数据违规事件的范围中。

是否纳入应报告的数据违规事件范围，是采取应对策略的前提，如果对这个前提的理解产生了偏差，后续每一步采取的工作也就很可能是一错再错了。

6.4.2 如何向监管机构报告个人信息泄露事件?

曾经有欧洲律师在分享过程中提到，与数据监管机构进行沟通前，一定要进行预判，对监管机构可能提出的有关问题有所准备。就以个人信息违规事件报告而言，在整个过程中，会不可避免地涉及其他相关问题。例如，何时发现的事件，如何开展的调查，企业个人信息保护的合规现状等一系列问题。对这些问题如何回答，务必做到心中有底，不然虽然履行了报告义务，却同时暴露了其他的合规问题，如缺乏规章制度、未在知道后 72 小时内进行报告等。

在进行报告时，也要注意避免“用力过猛”情况，这种情况实际是指需要把握信息披露的范围和方式。

关于向监管报告时的考虑和与监管沟通的一些观察和实务经验请参见“如何应对数据监管机构的问询和调查”一章内容。

6.4.3 发生了应当报告的数据安全事件，履行了报告义务就免责了?

在如何理解报告义务这个问题上，我们也发现，不同企业之间的理解也不完全相同。其中一种理解似乎是，在发生了数据安全事件后，企业按照法律规定报告后，就已经履行了法定义务，这是不是就意味着企业某程度上免责了。另外一种应对态度是，发生数据安全事件后，在各种压力下无暇细想，时间又紧迫，企业想的是不管怎么样，该报告的话就先报告了再说其他的。

④ 例如，欧盟GDPR第33条关于向监管机构通报个人数据泄露情况的条款就将不太可能导致自然人权利和自由的风险的个人数据泄露事件列为报告的例外情形。新加坡PDPA第26B条也明确导致或可能导致受影响个人遭受重大伤害或者重大规模的个人数据泄露事件属于应报告的数据泄露事件，而仅涉及组织内部未经授权访问、收集、使用、披露、复制或修改个人数据的数据泄露，视为无须通知的数据泄露事件。

这里有几个问题需要明确：一是发生数据安全事件，是否负有报告义务，需要根据具体的准据法来判断；二是履行报告义务和是否免责没有必然联系。一般来说，如果负有报告义务而不履行，这会构成单独的一个不合规行为。如果履行了报告义务，一般也不涉及免责问题，原因是数据安全事件的责任判定，需要在溯源、技术分析和调查做完后，才能明确责任归属问题。

当然了，并不是发生了数据安全事件，都必然涉及担责和要被处罚。我们想特别强调这一点，主要是在和企业打交道过程中，发现不少有关人员心理负担过重，误以为出事了，企业肯定要被罚款，自己也难逃追责，所以在应对时有点“讳疾忌医”的味道，就是什么信息都遮遮掩掩，希望通过捂着盖着的方法，随着时间的推移，整个事件就会被人遗忘。

对于这种把结果寄托给运气的做法，我们是非常不赞同的。

6.4.4 发生数据安全事件需要通知甲方客户吗?

在应对数据安全事件时，谈论比较多的是向数据监管机构的报告义务和对受影响个人的通知义务。各国的法律规定一般都会包含这类报告和通知义务，只是触发的条件和具体报告和通知的流程细节有所不同。

除此之外，参与过安全事件应对的人员都会知道，还有一种令企业更为顾虑的义务，那就是发生数据安全事件时对甲方客户负有的通知义务。毫不夸张地说，对甲方客户的通知义务没履行或者履行不当，就会直接面临丢失客户的严峻后果。

发生安全事件时对甲方客户的通知义务来自企业与甲方签署的合同。例如，一家专注于开发各类型数字化应用的企业，为各行业的头部公司提供开发者服务，那么这家企业的甲方客户可能涵盖了多家财富 500 强的上榜企业。这些治理完善的企业在开发者协议和服务协议中，一般都会对数据安全事件的应对和通知进行全面又细致的约定。其中不少协议更是把隐瞒不报纳入重大违约事件，一旦触发，甲方客户有权终止服务合同，并且有权不支付尾款并向供应商索赔。

从这一背景情况又会衍生出几个常见问题，在实践中时不时都会遇到。一是企业可能会问，我们只是发生了安全事件，并没有导致甲方客户的个人信息泄露，是不是就不用通知甲方了？从我们看到过的合同安排来统计，这些合同中会包含个人信息保护条款，不过在数据安全事件报告条款上，一般都是以安全事件为定义要求报告，而不局限在个人信息泄露。为什么这样设计合同安排是有所考虑的，我们还是以开发场景为例说明。甲方客户在开发服务过程中，会向开发者提供各种开发物料，这些都被视为属于甲方的信息资产，其中还可能包括尚未发布的产品信息，一旦这些信息泄露，甲方也会非常关注可能带来的影响。

另外一类常见问题就是，在发生了数据安全事件后，企业迅速行动把潜在影响扼杀在萌芽之中，经评估认为后续不会有严重影响，会问到这种情况能否不通知甲方客户了？这个问题并不容易回答，需要具体情况具体分析。我们从经验出发来反推这种情况下不通知会有什么风险。有这样一个数据泄露事件，发生之后供应商确实在最短时间内处置妥当，也没有发酵。但是甲方客户也是一家知名品牌，甲方的舆情团队在网上监测到了涉嫌泄露的线索，主动询问供应商这些初步线索是否属实，是否曾经发生过这一泄露事件。通过这一案例可以看出，甲方客户会通过自己的渠道和工具来检测可能影响品牌的数据安全事件，并不是完全依赖供应商的报告来实现其知情权。

对于在发生安全事件后要不要向甲方客户进行报告，供应商有顾虑是可以理解的。从供应商角度来看，这种顾虑的主要成因是担心甲方客户对供应商的网络和数据安全能力作出否定评价，从而不再开展后续合作，这就等于把未来营收丢掉了。如果一个安全事件导致多家甲方客户都终止后续合作，这对供应商而言确实是不可承受之重。

这里我们想带出的主要观点是，如果负有合同义务向甲方客户报告数据安全事件的发生，还是应该依约履行。对于甲方客户是否会有负面评价，不必过于悲观。这个观察也是从此前的事件应对中提炼出来的经验——履行报告义务并不等于归责的确定，更不等于甲方会终止后续服务。在不止一个事例中，我们看到，只要报告和应对妥当，最终并未导致甲方终止合同或追究供应商的违约责任，也未影响双方后续的合作。

要做到妥善履行对甲方的报告义务，涉及很多细节方面的考虑，不过从大方向来说，需要大概了解甲方人员会如何处置这类案件，不然在缺乏准备的情况下，在甲方人员一系列追问下，很容易显得手忙脚乱、焦头烂额。

不同甲方客户的网络和数据安全事件的应对流程也有所不同，不过大多从整体流程上会进行控制影响（containment）和溯源两方面的工作。假设发生了一起数据安全事件，供应商按照流程向甲方客户进行了报告。甲方的应急团队在审阅后（第一次反馈一般都会很迅速）一般会开会了解背景情况，这里姑且称为第一个关键节点。在会议后，应急团队可能会根据了解到的情况让供应商提交书面材料，如书面说明、溯源报告、受影响的信息资产清单等。在补充书面材料后，应急团队这时候应该已经掌握事件全貌和时间线。我们把这里称为第二个关键节点。这时候应急团队会尝试在线索中识别问题和异常点，并就特定问题要求供应商做进一步说明，这时候的会议在讨论时就会比较有针对性，应急团队中的技术、合规、法务等组成人员会对一些疑点问题进行深挖。我们把这里称为第三个关键节点。以上工作都完成后，应急团队可能会要求披露更多的信息，这时候是否需要全部配合披露，还是说部分信息可以免于披露，也需要做个案分析。

为了便于讨论，我们针对以上情况总结了三个关键节点，实际上，应对过程中的节点要远多于三个。之所以把这些节点定义为关键性质，是因为在每个节点上的应对动作，都有可能导致甲方客户对于事件的处理走向不同方向。应对不当的话，确实有可能会把整体方向带到终止合作这条路上。反之，如果供应商临危不乱，在关键节点上应对妥当，很有希望可以做到让事件平稳落地的效果，使后续和甲方客户的合作不受影响。

在我们参与过的事件中，可以观察到，应对妥当的企业占比还是较低，不少企业都是面对时间压力在关键节点上的应对进退失措，最后导致遗憾的结果。我们期待通过这一章的内容分享，可以让读者更多地了解数据安全事件应对的全貌，以及平时容易忽略的问题。无论是哪方都不希望发生数据安全事件，但是纵观全球数据安全事件的上涨趋势，每家企业都不得不做最坏的打算，我们也希望本章分享的内容可以助力中国企业在全球范围内更为从容地应对这类事件。

6.5 案例分析一——某电子平板企业的亚马逊平台用户投诉事件的发酵始末

亮出我们对这个事件的核心观点：这个案例很好地阐释了一件小事是怎么发酵成一件大事。

6.5.1 背景情况

企业通过亚马逊销售电子平板，一欧盟用户购买了一台平板，因为对产品和服务略有不满，联系到企业客服反映情况，客服与用户进行了沟通解释。此后，客服担心用户不满进行投诉，从而影响客户的工作评价（可能还会被扣工资），客服多次联系用户进行解释，并请求用户不要投诉自己。虽然多次联系沟通，客服的态度和用词并无不妥，结果却是用户非常恼火，表示将会向当地的数据监管机构投诉该企业。

6.5.2 分析和点评

在第一次沟通时，我们也觉得这个事情的发展有点出乎意料，因为每个流程看起来都很正常，按照常理不应该闹到要向监管机构投诉的地步，到底是哪个环节出了问题？

经过访谈，有几个细节引起了注意，一是客服怕用户继续投诉，多次联系用户时用的是个人邮箱，而并非工作邮箱，这一细节让用户觉得企业泄露了自己的个人信息；二是客户多次联系用户的时间，既包括工作时间也包括晚上休息时间，让用户觉得生活受到打扰；三是客服透露出希望向用户发放优惠券作为条件，换取用户不再进行投诉，这一点是否和用户进行了沟通并不确定。特别注意第三点，因为还涉及违反亚马逊电商平台的规则，可能引发更多问题。

由此可以看到，用户对产品和服务不满完全可以按照正常客服流程处理，最后可能也就是退换货的安排，不至于上升到个人信息违规的嫌疑。由于电子平板卖方缺乏这方面的意识，既没有意识到在客服端需要进行个人信息保护的培训，也没有意识到员工使用个人邮箱联系用户，可能构成企业未经用户同意将其个人信息提供给第三方这一违规形态，导致可能面临被用户投诉到数据监管机构那里，甚是可惜。

6.6 案例分析二——发生黑客攻击和文件泄露后，如何删除 Facebook 上的侵权帖子？

这个事件比较复杂，涉及的问题点比较多，在这里重点讨论如何删除 Facebook 上的帖子。

6.6.1 背景情况

据公开信息，马尼拉黑客组织“死亡笔记黑客国际 DeathNote Hackers International”对多家中国企业展开了攻击行动，黑客组织明确提到事件背景与中国和菲律宾的南海争端有关。

黑客组织通过多种非法手段开展攻击后，非法获取了部分企业的邮件内容、项目文件、员工个人信息、技术日志等信息。随后，黑客组织将部分信息上传到黑客论坛和社交平台，并嚣张地扬言将会继续攻击中国的头部科技企业。

通过前期排查，我们发现黑客攻击和获取的文件，大多是已经公开的产品信息和文档，获取的几封邮件内容也只是工作流程审批邮件。总体而言，没有造成实质的个人数据泄露，也没有造成商业秘密的窃取。IT 人员第一时间关停了受影响的应用，事件影响不会继续扩大。在前期排查完成后，各方都胸中有数了，于是开始消除事件影响。

6.6.2 为什么这个事件的杀伤力如此之大？

这个事件对于不明内情的外部人员看来，性质确实挺严重，既构成网络犯罪，也涉及个人信息泄露，还有黑客组织事后在社交平台上公然散播挑衅的信息，性质甚是恶劣。但是在处理过程中，我们感受到这些都不是造成杀伤力的主要原因。真正造成杀伤力的成因是，通过社媒平台上的炒作和扩散，采购企业服务的甲方注意到了这一事件，除了表达担忧，还透露出怀疑的心态，就是服务商的数据安全能力到底行不行，我们还能继续使用企业的服务吗？

可以想象，如果社媒平台上的信息继续散播，越来越多的甲方可能会选择不再使用企业的服务，如果因为这件事造成大量的客户流失，对企业而言可就真是灭顶之灾了。作为旁观者，我们认为这才是本次事件真正的杀伤力。对于应对事件的工作小组来说，随之而来的任务清晰而艰巨，那就是要在最短的时间内消除社媒平台上不实信息的散播。

通过参与调查工作，我们发现事实并非如此，但是如何尽快消除这种不实信息的散播呢？这时摆在眼前的迫切问题，就是如何删除黑客组织在 Facebook 发布的包含不实信息的帖子。

6.6.3 Facebook删帖面临的挑战和应对

无论是在国内还是国外的社媒平台删帖，主要的方法离不开发律师函和平台指定的渠道联系，或是向监管机构投诉。与一般侵权内容删除不同的是，这次删帖的时间更紧迫，每拖延一天，都可能导致客户流失。

如此巨大的时间压力，也就决定了不可能走监管机构投诉这条路了。剩下的就是考虑联系 Facebook 和发律师函两个动作。

在处理过程中，第一个感受就是在 Facebook 的客服和投诉机制下，企业很难联系到真人沟通。无论是按照一般客服渠道联系，还是按照举报滥用渠道反馈，最后都是指向一个邮箱或网页。我们感觉，这很可能是由于每天需要处理的内容量太大而有意设计的机制。

经过检索，我们也找到了发送律师函反馈情况的要求，大致就是需要按照挂号信方式寄送原件到 Facebook 的总部地址。这样一算，时间上也无法满足企业的期待，毕竟每天都有用户在转发帖子。

那剩下的方式就是通过平台现有的申诉机制，反映内容既违反平台服务协议也违反法律规定。安全咨询公司反馈，事发之后他们第一时间就申诉了，但是结果不理想，平台并没有通过申诉。

此外，Facebook 的用户条款还规定，用户有权就违规内容进行申诉并要求删除，前提是用户所在的国家和地区可以使用 Facebook 的服务。这一条款更是增加了我们的顾虑，会不会因为这个条款而导致中国境内企业无法受到平台用户条款的保护？

随后，我们对平台的申诉机制进行了系统的梳理和对比，发现需要申诉成功的困难还是蛮大的。最相关的投诉理由有 Facebook 社区准则的暴力和刑事犯罪、散播不实信息和侵犯隐私这三项。

这三个理由看似都可以无可争议地申诉成功并要求删帖，但是问题还是藏在细节中，而且这几个细节足以决定结果走向，所以我们也一一展开剖析。

第一个问题是关于刑事犯罪，从案件事实来说，旁观者肯定会说，这都不用想，肯定构成犯罪。但是一方面黑客身份不明，只是对外声称是菲律宾的组织，攻击行为是通过网络开展，继而影响到中国境内企业。另一方面最后内容散播是在 Facebook（一家注册在美国的企业）。企业所面临的困难是，面对这么多的联系点，按照哪个国家的法律认定犯罪？应由哪个国家的法律来做定性判断？如果认定这个犯罪行为在美国之外发生，Facebook 多大程度上负有义务配合删除？

第二个问题是散播不实信息，通过上面分析，我们也知道黑客组织散播的信息与真实情况不符，不过在尝试主张时，才发现这个依据基本上是没戏了。如果仔细研究 Facebook 的社区准则，就会发现平台把构成不实信息的门槛定得相当高，另外平台也明确指出，每个人对于信息是否不实的判断取决于多种因素。最后，从社区准则的制定考虑来看，也可以明显感觉到，在删除不实信息时，平台会担心是否构成限制言论自由的后果。最后我们形成的判断是，以此为由要求删除，不会得到平台支持。

第三个问题是侵犯隐私，这个理由是成立的，不过我们的预判也不会乐观。这个要追溯到一个细节，黑客组织发帖的时候，所选取的内容和截图，都刚好避开了员工姓名和联系方式，有的只有一个邮箱，平台很可能认为仅就帖子内容而言，不涉及侵犯隐私。至于整个攻击事件，是否涉及侵犯隐私，平台根本没有这么多人力和资源去调查。本着试一试的态度，我们也按照侵犯隐私提交了投诉，最后平台并没有采纳，和预判一致。

Facebook 删帖失败后可以向平台的监督委员会（Oversight Board）进行申诉，这个申诉机制有个特点，委员会只会选取部分申诉重新考虑，答复时间是 15 天，所以这一救济机制也满足不了本案的时间要求。

6.7 面对困境，如何破局？

事已至此，看似已经没有出路，如果任由不实内容继续发酵，后果将会变得非常不可控。如何破局，需要跳出既定的条条框框来思考。

根据此前几次回复，可以总结出 Facebook 删帖响应的几个特点：

（1）按照不同理由提出的删帖，响应速度不同，似乎对于以知识产权侵权提出的删帖请求响应尤为迅速，猜测这可能与《数字千年版权法》的通知——删除规则有关；

（2）只做形式审核，不做实质审核。这个很容易理解，审核资源有限，每天面临大量的请求，不可能一一进行实质审核；

（3）部分请求会由人工进行审理，真人客服不会直接和申诉主体沟通。

基于以上考虑，再用逆向思维重新审视事件的事实部分，在非法访问的文件中包含一部分代码，技术团队在起初评估时认为这部分代码很零碎，没有什么价值。如果只从形式审查的角度来思考，这部分代码和商标图像正好用来强化知产侵权的指控。随后，基于对知产侵权指控的再论述，平台迅速删除了全部帖子。

6.8 小结

通过以上示例可以看出，数据安全事件的影响不可轻视，必须有所准备才有可能在出事时尽量减轻影响。事前不准备、出事靠运气的做法，大部分只能是以悲剧收场了。

7.如何应对数据监管机构的问询和调查

这一章我们来探讨另外一个重要话题，那就是如何与数据监管机构打交道，这在运营过程中不可避免会涉及。与数据监管机构形成交集的原因可粗略分为三种：第一种是一般性质的沟通和咨询；第二种是接到数据监管机构对特定问题的问询；而第三种是受到数据监管机构的调查甚至是可能被处罚。

相比起 PIA、隐私政策撰写和 SCC 签署这些相对高频的工作，与数据监管机构打交道对单个企业来说就显得不太常见了，有的企业可能根本不会受到问询或是调查，这就导致了对单个企业来说，积累这方面实践经验的机会很少。另外，如何与数据监管机构进行沟通，循公开途径可查到的信息也非常有限①。由于这些原因，企业在出海时与不同国家的数据监管机构打交道时，普遍存在心里没底和发怵的感觉。

需要特别说明的是，这一章的内容是我们基于经验提炼的观察和思考，不指向特定国家的数据监管机构。在具体应对时，企业仍需结合所涉国家的法律规定和数据监管机构的职能、流程等形成具体应对方案。另外我们也观察到，虽然各国监管机构的组成、职能和执法各有特点，但是在横向对比总结应对经验后，还是可以总结出相当多的共同点。从这一角度来说，在与监管机构打交道时，这一章内容所带出的逻辑和方法，在一定程度上具有普遍的适用性。

7.1　对于把握不好的问题能不能向数据监管机构提问

这个问题在很多咨询分析中都见过，也在不少合规系列的文章中见到过，如果根据规定对一个问题无法给出定性答案，会把与有关监管机构进行沟通澄清作

① 一是涉及特定事件的监管沟通信息需要保密；二是企业会认为这些沟通属于企业的敏感信息，既不会公开讨论，也不会与同行交流。

为兜底建议。与监管机构进行沟通这个动作本身并没有问题，这里我们仅把实践中的不同观察展开梳理讨论，以期看到更多规律。

首先，企业在出海时，对于把握不准的问题，能不能向数据监管机构提问，还是需要从问题类型出发。如果问题属于一般类型的咨询，例如 DPO 备案的联系人信息如何填写，一般问题不大，可以直接进行沟通。如果问题不局限于一般类型咨询，在进行监管沟通前，就需要思考清楚，具体包括是否有必要进行沟通，以及沟通后可能会触发哪些反应。

在过往参与过的项目中，我们观察到关于是否有必要进行监管沟通的决策上，无论是企业还是专业顾问，最后给出的结论都倾向谨慎行事。

我们从项目中的观察入手，尝试来理解为什么对进行监管沟通需要谨慎行事。假设身处某国监管机构的位置，当收到一个企业的问题时，如果排除了不属于一般问题类型的咨询，那有关人员会如何思考和处理一项来自企业的问题?

当接到企业的问题后，数据监管机构在思考如何回应时，都会综合考虑问题性质、复杂程度、问询目的、企业背景等。总体来说，数据监管机构有其法定职权和处理不同问题的流程，所以不能期待数据监管机构对于企业提出的问题进行定性分析，更不能期待数据监管机构对企业业务模式的合规性把关，所以在向监管机构提问时，如何设定问题就显得尤为重要。如果问题设置不当，只会白白浪费一次沟通机会。据我们观察，在监管沟通时因问题设置不当而未能取得理想效果的案例确实存在，可能还不在少数。

其次，监管机构会非常顾虑其回复被企业拿来背书，这一顾虑如何打消是沟通过程中不可回避的问题，其中一种做法是坚持透明原则，把为何问这个问题以及下一步计划讲清楚，让监管机构在全面了解的情况下更愿意多给建议。

最后，对于如何理解监管机构的答复在具体场景的适用性，也需要企业自行解读和判断，监管机构几乎不可能就某一具体问题给出唯一且确切的分析。

了解各数据监管机构和其人员的职权范围和思考逻辑，有助于企业更高效地提问，增加取得回复的机会，如果误把监管沟通简单理解为一问一答，就很可能无法取得预期的结果了。

7.2 打交道的第一印象很重要

这是几年前在参加 GDPR 实务培训时，一名德国资深律师特别阐述的一个重点。这名律师专注隐私保护领域 30 多年，算得上前辈律师。他的职业履历主要分为两个阶段：第一阶段是在一家汽车公司负责隐私保护和监管事务，是从企业侧处理与欧盟各成员国数据监管机构打交道的问题；第二阶段是律所经历，主要是为车企和金融机构提供隐私保护的专业建议，是从第三方专业机构角度协助企业应对数据监管机构的问询和调查。

这名律师的培训讲解也很有特点，基本上不按照课件内容来，每次就是说经办的案件遇到了什么问题，是怎么解决的，还有当时是如何思考的，然后再基于这些个案提炼具有普遍指导意义的建议，而“打交道的第一印象很重要”就是培训时反复提到的一个要点。

对于这个问题的提出，有的读者可能会感到好奇，原因是企业肯定都会希望和数据监管机构保持良好的关系，肯定不会故意留下不好的印象，那么其中哪些地方可能会出现问题呢？我们还是举例来说明。

7.2.1 提供信息的口径不一致

在监管问询时，企业收集和使用了哪些个人数据是一个常见问题，但有时因为涉及企业内部多个部门、多个系统、多名负责统计的人员等原因，我们发现在个人数据量的统计上会有不同口径。在协助企业准备材料时，我们就会发现不同的系统、不同的表单和不同人员对这个问题的理解都不相同，有的会问在统计各个系统的个人数据时要不要去重，有的会问是统计直接收集的还是把间接收集的也算上，有的会问已经标签为不活跃用户的也要统计上吗。因为对于这个问题的回复涉及不同系统和表单，我们曾经在同一份材料中就发现过对同一问题有不同口径的统计。这些看似相互矛盾的数字，给数据监管机构的第一印象，可能就是对企业回复的真实性有疑问。

7.2.2 未能按时回复和提交材料

有的数据监管机构不了解企业的业务量和数据量，对于问题的答复给出的准备时间较为紧张，如我们见过要求企业在几天内完成梳理过万份材料的要求。面对这种时间安排不合理的问询要求，企业应避免沉默，可以主动和监管机构沟通，说明需要准备的材料数量巨大，需要更多时间。这时候企业也可以提出备选方案供监管机构备选。例如，几天内只能完成梳理 20% 的材料，能不能在截止日先交第一批反馈，然后后续再分批提供。

对于无法在限期内回复的问题，我们观察到有的企业仍然是以保持沉默的态度来应对，既不沟通也不按时提供，事后会向我们反馈说国外监管机构也没说什么。这种做法我们是既不建议也不提倡的。

在时间紧张的情况下，也有企业会把任务下压给几个部门，然后以军令状的方式命令必须在限期内给予答复。这种做法我们也是不建议的，原因也显而易见，所谓忙中出错，如此紧张的时间下部门之间无法有效沟通协作，除了准备的回复质量可能不理想，也很容易出现同一份材料中信息口径不一致的情况。这个也是曾经经历的情况，有关人员直接问到为什么同一份材料中的信息量统计还不一样，导致了各方都挺尴尬。

对于回复时间这个问题，我们认为本着讲道理的思路来沟通，不同国家的数据监管机构完全能够理解，在不止一个案件中证明，具体时间都是可以商量的，并不都是一成不变的要求。

7.2.3 对于问题的表态前后矛盾

在涉嫌违规事件发生时，客服部门、公共关系部门有可能会对用户和社会公众就涉及的问题进行回应。外部律师、安全公司在代表企业与数据监管机构进行沟通时，也会涉及对事实问题和法律定性问题的回复。当同一事件在企业内部进行报告时，所涉及的决策级别也会越来越高，有时候到了最高管理层时会对整个事件的定性一锤定音，这时候需要注意这几个对外接触的窗口所表达的态度是否一致，前后表态矛盾也是会影响印象的一个因素。

7.3 问多少说多少，避免用力过猛

企业在接受调查时，数据监管机构会提出问题，这里面的问题有的会明确指

向涉嫌违规的行为，有的问题乍一看没有太清晰的指向，看起来是在了解更多背景情况，这时候企业在配合的同时应注意信息披露的范围和程度，以“问多少说多少”为原则，避免用力过猛而披露过多的无关信息。

适度披露对于企业高效应对监管调查是至关重要的。只要稍微深入思考一下就可以明白其中的原因，精准和适度地披露有关信息，有助于让有关人员快速聚焦问题，节约其办案时间。用一个形象的比喻来说，每一项提供的信息都是一个路牌，需要起到指引办案人员理解一项特定事实的作用。杂乱无序的信息提供方式只会让办案人员在理解问题时不断走入分岔路，然后又细分很多枝节问题出来，这会导致调查程序的拖延，并可能节外生枝。

有一个案件的调查程序在某欧盟成员国展开，接受调查的企业觉得指控的问题有点冤枉，自认为在个人数据处理方面是合规的，因此企业在准备监管机构的问题答复时，非常迫切地希望证明自身是合规的，准备了大量资料和证明文件，在第二次现场检查时提交。第二次检查的结果是出人意料的，好消息是对于监管机构问询的问题，企业证明了自身是清白了，没有个人数据违规行为，但是在提交的关联度较低的信息里面，正好有一个更为严重的涉嫌违规的线索。在这样的情况下，可以预料监管机构会继续调查这个违规线索。

这个案例中还有一个更为根本的问题需要思考，在调查过程中原本可以避免出现这种情况，正是由于企业迫切希望自证合规，所以才出现了后期用力过猛而引发的问题，这就促使我们不得不重新思考 GDPR 所谓的企业需要自证合规在具体调查程序中意味着什么？

在内部讨论时，有人在这里提出了一个值得思考的问题，发问人的观点是企业自证合规的做法完全符合 GDPR 规定，难道这种自证合规的方法也有问题吗？

自证合规这个问题需要从合规体系建设与调查应对两个场景分别分析。从个人信息保护的角度，企业通过设立规章制度和流程指引，并委任数据合规官来负责实施，整个过程的记录是良好的合规实践证明，这一点毫无疑问。不过在调查应对场景中，应该如何理解和使用自证合规的概念，需要仔细审视，灵活调整。

举例来说，企业收到调查问询，被指控的问题是涉嫌向广告平台违规提供用户信息用于营销用途。针对这样一项指控，在应对监管调查时企业需要证明什么呢？面对这样一个问题，有人可能会提议，按照个人信息合规方法论，企业应当准备材料，向监管机构证明其用户信息的全生命周期处理活动均是合法合规的。这个提议从方向上没有问题，但需要意识到的是，要做到这种程度的证明，企业需要付出的努力是巨大且耗时的，在监管应对的有限时间内，往往是行不通的。除了这一路径，企业可以考虑用户信息是如何给到这些广告平台的，是企业直接提供的，还是企业提供给第三方后再由第三方与广告平台共享？企业还可以查明，当时与广告平台共享用户信息的目的是什么，广告平台有没有超出目的对这部分信息进行使用？企业还需要考虑员工为了谋利而违规操作也是一种可能性，那这个案件会不会是内鬼所为呢？如果是员工故意违反公司规章制度而出售用户信息牟利，那在归责时可以援引的抗辩会更多。

通过上面示例可以看出，在具体问题上需要向监管机构证明哪些内容、提供什么材料，需要结合事实和希望达到的目的灵活制定。换句话说，这里的思路一是自证合规，而思路二就是证明涉嫌的违规行为的证据链条不成立即可。再进一步假设，如果前述讨论的与广告平台违规共享用户个人信息真的发生了，就无法再以个人信息全生命周期合规来作为抗辩了，但是，如果是员工故意违反公司的《个人数据输出管理规定》而对外提供，那这件事就不一定能归责到公司身上。

7.4 基于事实和法律来应对，配合但不迎合

这个并不是普遍存在的问题，只是在个别案件中观察到企业在应对监管调查时，有时候为了希望尽快完成流程，在有的问题处理上会有迎合监管机构的倾向。这个本质上也是应对策略问题，以这种方式处理特定类型的监管调查，可能有助于更快取得确定结果，然后企业可以更专注于业务发展，尤其是在上市公司接受调查的情况下，这种策略可能会更受青睐。

这种策略也是一种妥协的处理方式，是否使用和如何使用都属于企业行使综合决策权的范畴。这里我们想带出的是，如果使用这种策略，仍然需要以事实和法律为基础，如果偏离了事实一味以尽快了结调查程序而迎合数据监管机构对于

特定问题的认定，可能会留下隐患，最后还是得不偿失。

7.5 确定违规了，企业会被处以顶格罚款吗?

在发生个人数据违规事件后，如果判定了企业需要受到处罚，这时候剩下的焦点问题就是罚款金额以及是否会伴随着其他处罚措施。在讨论罚款金额时，大部分企业都会先问到会不会被处以巨额罚款。有的企业在沟通时提到他们经常看各类普法文章，印象最深刻的就是欧盟按全球营业收入 4% 计算罚金这一条，有的企业坦言这种程度的罚款无法承受。

在沟通过程中，可以观察到部分企业对于这个问题也存在误解，一种误解是对于规则解读的偏差，误以为只要出现违规时就会被处罚 4%；另一种误解是觉得数据监管机构如何确定罚款金额，完全属于行使酌情权的范畴，即使违规不严重，也有可能突然就被处以严苛的罚款。

对于熟悉欧盟立法规则的企业而言，当然不会产生这种误读，有的对规则研究细致的企业甚至把 EDPB《关于计算行政处罚金额的指引》[②] 也吃透了，对于确定罚款金额的五个步骤和各种梯级的计算比例相当了解。有兴趣的读者可以自行参考指引中的内容，我们在这里不再梳理这些数字。

在这一小节，我们希望从另外一个更为轻松的角度来讨论，在违规时企业会被处以顶格罚款吗?

我们对于这个问题的理解是，如果企业要被处以顶格罚款，那这个违规事件的发生和处理，必须是各种“完美”元素的结合作用。此处的“完美”体现为违规后果需要非常严重，受影响的群体会是一个令人震惊的数量，违规情节需要足够恶劣，另外企业在事后处置和配合调查方面可能也是各种不配合。

这些因素越多，企业可能被处以高额罚款的概率就越大，这是分析这个问题的一种常见视角。这里我们希望带出的另一种视角是从数据监管机构和其执法人员看来，处以顶格罚款需要什么条件或者意味着什么? 从他们的视角来看，需要

② EDPB《关于计算行政处罚金额的指引》全文请见Guidelines 04/2022 on the calculation of administrative fines under the GDPR：https：//www.edpb.europa.eu/system/files/2023-06/edpb_guidelines_042022_calculationofadministrativefines_en.pdf。

处以顶格罚款的违规行为，都是广受关注的事件，这就意味着机构和人员在办案时，会面临各种压力，这种压力体现为案件事实必须清晰，证据链条完整，调查程序不能有瑕疵，以及对于处罚的计算和说理必须充分，无论是对企业还是对社会公众都可以被解释为具备正当性的结果。对于数据监管机构而言，是否处以顶格罚款不单是个执法问题，也需要考虑罚款标准在欧盟成员国的一致性。

在这一小节我们还希望展开讨论的是，如果已经预料到被处罚款不可避免，企业应按照有关规定和指引，基于计算罚款金额的因素进行估算，大致确定可能开出的罚款金额范围，做到胸中有数。另外，在罚款金额确定过程中，企业仍有机会通过努力，争取从轻处罚的空间。此外，企业大可不必总是担心数据监管机构不受限制地行使酌情权，这种酌情权需要根据综合考虑违规性质、范围、持续时间、主观恶意等一系列因素后的框架内行使。

7.6 向监管机构报告个人信息泄露事件时的考虑

在向监管机构报告个人信息泄露事件时，主动沟通、及时报告和配合调查是最常见的三项原则建议，但是在报告时如何理解和执行这三项原则，从来都不是机械化地执行工作，在应对个人信息泄露事件时需要通盘考虑。

从参与过的几起个人信息泄露事件进行总结，以下几点观察和考虑对于实践工作较有帮助，分别梳理如下：

（1）法律规定的个人数据违规报告的义务，有时候并不是一项绝对义务③。

（2）法律规定的个人数据违规报告的时间，也不是绝对的期限④。这个问题需要注意，因为有不少企业把这个期限理解为绝对期限，然后会得出根本做不到的结论。

③ 例如，欧盟GDPR第33条关于向监管机构通报个人数据泄露情况的条款就将不太可能导致自然人权利和自由的风险的个人数据泄露事件列为报告的例外情形。新加坡PDPA第26B条也明确导致或可能导致受影响个人遭受重大伤害或者重大规模的个人数据泄露事件属于应报告的数据泄露事件，而仅涉及组织内部未经授权访问、收集、使用、披露、复制或修改个人数据的数据泄露，视为无须通知的数据泄露事件。

④ 例如，根据欧盟GDPR第33条关于向监管机构通报个人数据泄露情况的条款下72小时报告的规定，这里的报告起算时间是控制者知悉之时，并不是从个人信息泄露事件实际发生的时间开始起算。同时，第33条亦明确如果有迟延上报的，需要附上迟延的理由，也就是需要证据证明没有不当拖延上报。

（3）和谁报告和通知谁是一个整体计划，向数据监管机构报告只是其中一个环节，还应考虑是否需要通知用户、供应商和甲方客户？这些问题需要一并考虑，提交给数据监管机构的报告内容也会涉及这个问题。

（4）在事件溯源完成前，是否就需要报告，观点不一致，我们的倾向是不报告，主要考虑是如果溯源都没完成，整个事件自己都还没查清楚，报告的意义很有限，另外没做完溯源，事件成因还没查清，贸然报告的话整个事件的走向太不可控。

（5）随着溯源完成而逐渐掌握整个事件的全貌后，需要提前考虑几种归责的可能性，是属于人为操作失误还是规章制度有漏洞？

（6）报告仅是履行法律义务的一个环节，报告本身不代表免责，同时报告之后随着监管机构的介入，可能会触发监管指导或者监管调查，对事件发展会引起后续连锁反应，企业在报告时要同时做好应对监管问询和调查的准备。

7.7 监管现场调查应对的复杂性

在这一章节中我们浅谈了几点如何应对数据监管机构的问询和调查，但这也只是反映了真实情况的冰山一角，在监管调查应对的实际工作中所面临问题的复杂性、时间压力以及现场压力，只有亲身体会的企业才能感受到。在有些个案中，整个过程对企业都是一种煎熬。这些复杂问题伴随着企业参与人员的心理压力，在现场应对时可能会带来决策或行为的偏差，有时候在正常状态下不会有的失误，在高压之下就有可能发生。

在这种情况下，整个应对团队就需要基于经验预判，并做好应对二次突发事件的准备。同样的道理，在这种情况下，企业在决策时对合规团队的依赖更重，在各种事情上都会咨询律师的意见。这对律师的考验是，仅仅是对于法律规定的把握和理解已经无法应对这些情况，这时候就需要律师回到经验主义，在不同的监管调查和应对案件中，就各种突发问题提炼出来进行观察，在每次应对后及时复盘得失。我们的体会是这种经验主义的作用在应对突发事件时，会给整个团队带来底气和定力。只有在这种状态下，才能够在高压之下作出最优选择。

这里还是用两种情形来说明在现场高压状态下处理问题的复杂性。

第一种情形是如果在现场A国监管机构的人员突然提出，由于涉嫌违规问题涉及的数据量太大，现场时间不够，为了更好地调查问题来龙去脉，要求把企业某个数据库全部拷贝回去进行调查。如果在现场面对这个问题，应该如何应对才能取得对企业最有利的结果，就需要企业提前有所准备，不然就会陷入被突袭后反应不过来的被动状态。

从应对方法来说，我们可以说需要根据监管机构的态度、数据库包含的内容以及所在国的行政执法规定等因素来确定，不过在现场面临的最大问题是没有充足时间一一分析后再决定，现场需要当机立断地作出决策。企业可以回复说愿意配合，或者拒绝提供，抑或用拖字诀，表示现场人员没有权限决定，需要请示公司管理层。每一个决策都可能影响整个调查的走向，能否在时间压力下作出对企业最有利的选择，在很大程度取决于经验和临场应变能力了。

第二种情形是假设还是在A国的现场梳理资料时，参与人员看到有些信息和文档已经过期没有多大用途了，随口问了一句这些没用的资料是不是可以删除了？这样一个看似普通的问题，在调查现场可能会引起歧义，让气氛瞬间紧张起来。这句话会不会被理解为是在故意销毁证据？当这句话脱口而出的时候，其他人要如何回应？简单的保持沉默可能无法解决这个问题，如果必须进行澄清和回应，应该怎么说，也同样考验大家的应变能力。

7.8 小结

虽然不同国家数据监管机构的职责和程序规定有所不同，但是以上探讨的如何与监管机构进行沟通和打交道的方法，都是属于较为普遍适用的方法论，如企业需要进行监管沟通，不妨借鉴一下，或许可以取得更理想的结果。

我们再总结一下与监管机构沟通的要点，作为本章的小结：

（1）与国外数据监管机构进行沟通，应有所准备，明确沟通目的和希望取得的效果，不建议抱着问问看、聊聊看的心态进行接触。在提出问题时应精心准备，避免提出无效和不相关的问题。

（2）正确把握各国数据监管机构的职责，避免提出与其职责不匹配的要求。

（3）对于国外数据监管机构提出的问题和信息披露要求，在如何回应时建议把握两大原则：一是中国法律是否会介入适用，二是在披露程度上按照“问多少、说多少”的原则适度披露。

（4）在发生个人信息泄露事件后，注意并不一定触发报告义务。在评估后认为需要报告的情况下，应正确理解如何起算报告时间，避免因为误读而造成时间上的心理压力。如决定进行报告，建议先行制订后续预案，不建议采取报告后再观望的方式处理个人信息泄露事件。

（5）最后一点，也是我们最想带出的一点建议，无论与哪国的数据监管机构打交道，基于法律和事实讲道理的方法都是行得通的，企业完全可以有信心更从容地应对。

8.ISO、Europrivacy和类似认证的效力与作用

8.1 浅谈认证与合规的关系——来自企业的疑问

曾经有客户要求律师团队在完成数据合规项目后，出具一封承诺函，承诺交付的成果可以确保公司的经营活动符合欧盟 GDPR 的规定，在日后不会被有关监管机构调查和处罚。

这个要求从表面上来看并不合理，但是换一个角度，就可以理解为什么会有这个需求：在与数据合规项目的实施过程中，企业会提出，我们从网络安全公司采购了安全加固产品，律师又交付了规章制度、政策、流程指引这些文件，企业关注的问题是这些交付物能否作为证明合规，能否获得监管机构的认可。

也有企业构成过程中比较坦诚地说到，采购了这么多服务和交付物，如果都不能证明合规或者是免于处罚，那做这个合规项目的意义又在哪呢？

8.2 取得 ISO 认证是否等于 GDPR 合规？

这个问题经常遇到，关于 ISO 的认证效力，我们听到过这样一种说法，ISO 认证可能是全球最为熟知的认证，可以让企业用于证明其已经采取了良好的实践措施，并同时符合全球各国关于隐私保护的法律规定，其中也包括了欧盟的 GDPR。

这种说法是否成立，需要精准分析。这里还是首先亮出核心观点：ISO 是数据安全和个人信息保护的重要合规性证明之一，但是 ISO 认证本身不等同于 GDPR 合规。

我们再次回顾一下 ISO 认证是什么，GDPR 合规又是什么，以便于展开讨论。

序号	ISO	内容
1	ISO/IEC 27001	ISO/IEC 27001 是信息安全管理体系认证 2022 版本也反映了与时俱进的迭代思路，有新增、有更新也有合并的控制项
2	ISO/IEC 27002	ISO/IEC 27002 是信息安全管理的一份指导性文件，对于基于 ISO/IEC 27001 实现信息安全管理体系的组织，它为实施 ISO/IEC 27001 标准中规定的控制措施提供指引
3	ISO/IEC 27701	ISO/IEC 27701 是在隐私保护方面对 ISO 27001 信息安全管理以及 ISO/IEC 27002 安全控制的拓展标准。它提供的指引包括如何管理个人信息和资产以证明遵守了全球的隐私法规。其中，ISO/IEC 27701 标准附录 D 是与欧盟 GDPR 的映射
4	ISO/IEC 29100	ISO/IEC 29100 是一项信息安全的隐私框架标准，主要适用于信息及通信行业

基于 ISO/IEC 27001 的 2022 版控制域和控制项，可以观察得出，按照这些控制项展开的核查认证，其范围要大于 GDPR 的规定，如关于系统获取、开发和维护等。

ISO 认证本身不等同于 GDPR 合规，那是否有必要进行 ISO 认证呢？这个问题的答案是显而易见的。以倡导合规价值作为出发点，ISO 认证绝非仅是通过走流程拿到一纸证书这么简单。可以说 ISO 认证体系经过了多年的实践和沉淀，有着普遍适用性和灵活扩展性，可同时符合隐私保护的法律要求（ISO/IEC 27701），此外，取得 ISO 认证还会提升企业声誉，增强企业给合作方、客户和消费者带来的信任感。如果在开展 ISO/IEC 27001 和 ISO/IEC 27701 认证的同时，根据 GDPR 的规定完成合规整改，通过完成认证可以达到符合 GDPR 的效果。

8.3 哪些是 GDPR 官方认可的认证？

在开展认证工作前，企业普遍关注认证的效力问题，特别是认证做完后能不能得到官方认可。我们还是以 GDPR 为例进行讨论，除了大家经常听到的 ISO 认证，还有第三方机构开展的认证活动（如 TrustArc 合规认证），这些认证计划已有多年实践经验作为支撑，在国际上有较高知名度，也广为各行各业熟悉和接受，但是从认证效力来说，并非 GDPR 第 42 条中规定的有效合规工具和认证机制。

这时候我们会聚焦受欧盟成员国正式认可的 GDPR 认证机制——Europrivacy 认证。Eruoprivacy 认证是首个根据 GDPR 第 42 条制定和经欧盟官方认可的 GDPR 认证机制，用于评价、记录、认证和评估对 GDPR 和相关法规的遵守情况。Europrivacy 认证由欧盟认证和隐私中心（ECCP）管理和维护。证书的有效期为三年，到期后可申请续期。

8.4 Europrivacy 认证的适用范围和程序特点

8.4.1 Europrivacy的适用范围

无论是数据控制者（data controller）还是数据处理者（data processor），均可申请 Europrivacy 认证。因此，合规证明的范围非常重要——Eruoprivacy 认证是否可以理解为企业对 GDPR 的全面合规？是否可以作为持续合规的证明？

首先需要明确的是，EuroPrivacy 认证的适用范围和认证对象是各项数据处理活动，可覆盖广泛领域，包括人工智能、区块链、电子健康和物联网等创新技术领域。但也存在一些不适用的范围，包括不适用于生物医学数据，不能对公司整个主体或公司整个组织架构或公司的整体管理系统进行认证。这种对数据处理活动进行认证的模式对于企业而言，优势在于企业可以分步或分项进行认证，从最优先的数据处理活动开始，逐步将认证扩展到更多的数据处理活动。此外，若企业已完成一项数据处理活动的认证，后续认证所需准备的材料、时间和费用都会比首次认证减少。

此外，需要注意的是，Europrivacy 认证既不减免企业作为数据控制者或数据处理者的合规义务，也不免除企业在认证完成后需要履行的持续合规责任。换言之，Europrivacy 认证并非公司违规的“免死金牌”。这点本无特别之处，只是在沟通过程中，我们发现个别企业还是对这一点存在误解。

虽然 Europrivacy 可在任何地方被用于评估 GDPR 合规的情况，但认证证书的交付不适用于不能对数据主体权利和自由提供适当和充分保证的国家和地区。这意味着中国企业不能用境内总部或其他境内实体直接申请 Europrivacy 认证，而需要通过中国企业在欧盟或在被认定能对数据主体权利和自由提供适当和充分保证的国家和地区的实体申请认证。

另外，需要指出的是，Europrivacy 认证目前尚不属于 GDPR 第 46（2）(f) 条认可的跨境传输认证机制，因此企业目前还不能通过获取 Europrivacy 认证来满足 GDPR 项下从欧盟向第三国传输数据的要求。

8.4.2 Europrivacy认证涉及的机构

作为官方认可的 GDPR 合规工具，Europrivacy 同时需要提供可被高度信赖的合规评估和认证服务，这决定了各类机构和主体会参与构建认证的生态体系，并提供相应的支撑和服务。这些机构和主体分为两大类：一类是官方合作伙伴，另一类是合格专家。

官方合作伙伴均是经 ECCP 授权提供 Eruoprivacy 认证相关服务的专业机构，包括三类：第一类是咨询机构和律所，可帮助企业；第二类是解决方案提供梳理和记录合规情况、对不合规的地方进行整改，以及识别需要认证的数据处理活动和准备相关材料商，可提供识别合规差距以及合规认证准备的整体解决方案；第三类是经授权的合格认证机构，负责评估企业的数据处理活动是否符合 Europrivacy 认证标准，并根据 GDPR 第 42 条和第 43 条颁发 GDPR 合规认证证书。Europrivacy 官网公布了官方合作伙伴的具体名单。

合格专家是参加 Europrivacy 培训并取得正式资质的个人，他们可以运用 Europrivacy 认证方法对数据处理活动进行审计，使用 Europrivacy 的线上资源和准备认证所需文件。上述官方合作伙伴中的员工、专家和顾问，以及企业的数据合规负责人，均可申请参加培训和成为合格专家。

需要指出的是，在上述机构和主体中，只有经授权的合格认证机构才能提供 Europrivacy 认证和颁发合规认证证书，其他机构和主体均没有这个授权。

8.4.3 Europrivacy认证流程的主要步骤和特点

Europrivacy 认证流程的主要步骤包括以下三步：

（1）准备并记录企业遵守Europrivacy认证标准的情况：企业可在Europrivacy合格合作伙伴（Qualified Partners）的协助下完成这一步；

（2）合格认证机构（Qualified Certification Body）对数据处理活动的合规性进行认证：认证机构必须经ECCP授权，并取得所在国主管机构认证的有效资质。Europrivacy认证证书可在Europrivacy官网查询。

（3）持续合规：企业可使用Europrivacy在线资源和工具（包括不时更新的合规要求）以及开展年度监督审计，进行持续合规。这一步也可由Europrivacy合格合作伙伴提供协助。

认证流程的具体步骤，以及各步骤中涉及的主要机构请见Europrivacy官方网站的流程图介绍：https：//www.europrivacy.com/en/ep/overview。

在上述认证流程中，理论上除了认证机构，其他机构和主体并非必需。但实践中，不少企业还会同时聘请其他机构或主体（特别是律所和咨询机构）协助梳理合规现况、进行差距分析和整改、识别需要认证的数据处理活动、准备认证所需材料、提交认证申请、回应认证机构提出的问题等。这里面主要有认证经验、流程安排、工作量和全程统筹协调的考量。此外，聘请律所比较关键的一个考虑因素是具体问题的法律分析和定性需要由律所来完成，例如，在企业和认证机构就某个事项存在不同意见时，律所可以通过提供法律分析和法律意见帮助双方解决分歧。

Europrivacy认证除了需要由认证机构进行认证，还需要首先采购官方的欢迎包（Welcome Pack）。Welcome Pack通常包含在官方合作伙伴提供的服务中，企业也可自行采购。

在认证模式和标准方面，Europrivacy采用的是一套综合认证模式和标准，既涵盖GDPR的核心要求，又涵盖特定领域和特定技术的规定，以及具体国别的数据保护要求。在评估企业是否符合某项Europrivacy认证标准时，企业取得其他认证可被视为已符合该标准，例如，在评估技术和组织措施的合规性时，企业取得ISO/IEC 27001认证会被视为已达到Europrivacy认证标准中的相应要求。

8.5 不要与 Europrivacy 混淆的 ePrivacy 认证

ePrivacy 作为欧盟另一个重要的隐私保护认证，在 Europrivacy 正式出台之前在业内已具有广泛的认可度和影响力。不少企业很容易将这两个认证混淆。

企业经常会问的问题是，这两个认证有什么区别？它们都是欧盟官方认可的认证机制吗？

8.5.1 ePrivacy是什么认证？

ePrivacy 是由欧洲知名第三方认证机构 ePrivacyseal GmbH 颁发的隐私保护认证，其根据 GDPR 制定和更新认证标准。但是，ePrivacy 的认证标准并非 GDPR 第 42 条规定的经批准的认证标准，ePrivacy 也不是 GDPR 第 43 条规定的认证机构，因此，ePrivacy 认证并非欧盟官方认可的 GDPR 认证机制。

ePrivacy 认证对象是系统、平台、App 等产品和服务（而非限于具体的数据处理活动），且更聚焦于为新兴技术和行业（数字领域的产品和服务、通信行业、电商平台、App 等）提供认证，主要通过法律和技术两个维度的评估和审计，认证相关产品和服务符合 GDPR 的要求。

根据 ePrivacy 不同的认证标准，ePrivacy 认证具体又包括 ePrivacyseal EU、ePrivacyseal Global、ePrivacyApp、ePrivacyseal CH 等认证证书。目前，中国企业获得 ePrivacyseal EU、ePrivacyApp 和 ePrivacyseal Global 这三类证书的较多。

ePrivacy 认证流程主要包括以下 6 个步骤[①]：

（1）界定业务或具体产品相关的认证对象，以及对应需要申请哪一种认证证书；

（2）根据适用的技术、组织和法律要求评估认证对象的现状，以及是否需要采取改进的行动；

（3）实施改进措施；

（4）根据认证标准对认证对象完成最终审计；

（5）进行认证；以及

① 关于ePrivacy认证参见https://www.eprivacy.eu/en/privacy-seals/eprivacyseal-eu。

（6）认证续期。ePrivacyseal 的有效期一般为 3 年，到期需要更新认证，更新认证后可续期 3 年。通常更新认证的工作量会比首次认证大幅减少。

和 Europrivacy 不同，ePrivacy 认证证书可以颁发给各国企业，没有“对数据主体权利和自由提供适当和充分保证”的限制。在申请时间方面，完成 ePrivacy 认证通常需要 3 个月左右的时间，完成 Europrivacy 认证可能需要更长时间。

8.5.2 ePrivacy和Europrivacy这两个认证，有了其中一个，还需要另一个吗？

企业经常问到的另一个问题是，ePrivacy 和 Europrivacy 这两个认证需要做哪一个？应该先做哪一个？如果做了其中一个认证，是否还需要做另外一个？

回答这个问题首先要指出的是，无论是 Europrivacy 还是 ePrivacy，都属于企业自愿选择的认证，不是强制性的法律要求。同样，应该先做哪一个认证，以及在取得其中一个认证的情况下是否还需要做另外一个认证，也没有法律强制性规定。

其次，应该选择做哪一个认证，需要综合考虑以下因素：

（a）主营业务、产品和服务的实际情况及需求（例如，开展某项业务或项目是否需要具备哪项隐私保护认证，在特定行业是否需要取得哪项认证以增加客户和市场的信任等）；

（b）是否在欧盟设有主体开展业务；

（c）希望对产品和服务进行认证，还是对某项数据处理活动进行认证；

（d）计划取得认证的时限要求；以及

（e）是否更希望通过取得官方认可的 GDPR 认证机制表明企业在隐私保护方面达到权威认可的水平。

如果企业尚未在欧盟设立主体，或者在欧盟设立的主体没有进行与主营业务相关的数据处理活动，则还不是选择 Europrivacy 认证的合适时机，企业可以考虑先选择 ePrivacy 认证。如果企业已在欧盟设立主体开展业务并进行具体的数据处理活动，对取得认证无紧迫的时限要求，且更希望通过认证表明在隐私保护方面达到官方认可的水平，则可考虑选择 Europrivacy 认证。

此外需要注意的是，Europrivacy 和 ePrivacy 并非替代关系或是二选一的关系，若是企业需要，也可以进行双重认证。

8.6 中国律师如何在认证过程弥合两国法律的差异化规定——ePrivacy 认证案例解析

这一案例的素材来自真实的 ePrivacy 认证流程。一家中国企业已经完成大部分 ePrivacy 的认证流程，但是在认证机构审核用户信息留存期限政策和附录时，对不同产品和业务流程的用户信息存储期限的设定规则表示不理解，希望企业进一步解释。企业进行了两轮沟通，仍然未能完全说服认证机构，审核人员对于是否符合 GDPR 规定仍存有疑问。

企业内部有的观点是为了尽快通过认证，认证机构说怎么调整就按照建议调整一下即可，不要让认证流程卡在存储期限问题上停滞不前。

对于这一问题，我们经过分析和了解双方过往沟通情况后，果断否定了这种妥协的应对方式。之所以这样建议是因为我们发现认证机构对存储期限的存疑态度，并非全盘否定全部期限的合规性，而是希望企业给出合理说明，并解释清楚为什么有相当多的字段需要永久保存。基于审核员在沟通过程中展现出来的态度，我们认为修改存储期限并非最佳解决方案，更好的做法是结合法律和业务需要，把存储期限的计算逻辑讲清楚。

准备材料和应答过程中涉及很多琐碎的工作，包括和企业访谈逐一确定每个字段存储期限的设定逻辑，然后据此准备了一份说明材料。这份说明的核心观点是企业在多个国家运营，总部位于中国境内，集团在制定个人信息保护的规章制度时，会综合考虑中国法律、GDPR 规定和业务需求三大因素，存储期限附录表中字段的存储期限，有的是根据中国法律确定，有的是根据欧盟成员国的法律确定。此外，企业在制定存储期限时也会考虑业务实际需求。对于需要永久存储的字段，我们协助企业从业务的必要性角度展开说明，并指出同行业的其他企业这些字段也存在永久保存的做法，这些行业惯常做法也应该纳入评价合理性。同时，我们也明确指出，GDPR 并没有限制企业在制定存储期限时不能综合考虑这些因素，另外“永久存储”本身并不违反 GDPR，也不必然增加用户的隐私风险，这个问题判断的关键应该是基于相关因素判断永久存储的合理性，行业惯常做法是较强的佐证之一。

认证机构在收到补充材料后，内部就这个问题再次组织了论证，然后告知企业无须对用户信息存储期限附录进行修改，随后企业顺利通过认证。

复盘这个案例可以总结出来以下几点经验，作为日后处理类似问题的参考：

一是大家普遍认为认证是按照认证标准进行符合性审查，但在 GDPR 合规相关的认证中，认证机构审核的尺度把握会比较细致，也会讨论法律的要求和规定。GDPR 合规相关的认证兼具符合性审查和实质审核，审核员有权提出比较实质的问题。

二是律师在帮助企业完成认证的过程中，不仅是协助准备认证材料，还可以发挥更进一步的作用，弥合对两国法律差异化规定理解不一致的问题。

三是存储期限不是在附录表里明确具体存储时间那么简单，它有时候还会影响企业 IT 架构设置、业务逻辑和需要，不可单纯为了通过认证就轻易调整。

四是对于跨国经营的企业而言，在说明具体存储期限的必要性时，除了考虑 GDPR 等境外法律的规定，还要综合考虑中国境内的法律和监管规定、合同要求以及业务需要等因素。

8.7 小结

ISO 和 ePrivacy 一直以来都是全球范围内的企业比较常见的认证机制，Eruoprivacy 是近年来首个根据欧盟 GDPR 经欧盟官方认可的 GDPR 认证机制。ISO 和 ePrivacy 认证对申请认证的主体没有国别的限制，但这些认证本身不等同于 GDPR 合规。Europrivacy 可在任何地方被用于评估 GDPR 合规的情况，但认证证书的交付不适用于不能提供个人信息保护充分保证的国家和地区，这意味着中国企业不能用境内总部或其他境内实体直接申请 Europrivacy 认证。

由于这些认证有不同的认证内容和侧重，实践中不少企业会申请和获取不止一项的认证，以表明企业在数据保护方面的能力和合规性。但是，需要注意的是，这些认证都不减免企业的数据合规义务，也不免除企业在认证完成后需要持续履行的合规责任。

相较于传统认证中基本仅涉及认证机构的模式，Europrivacy 认证机制创设了各类机构和主体共同参与构建认证的生态体系，意味着包括律师事务所在内的更多的专业机构都有机会参与 Europrivacy 认证的流程中提供支撑和服务，也让企业能够在不同专业机构的帮助下更好地做好合规工作的前置准备和整改。

9.中国智能网联汽车出海的数据合规痛点和应对

9.1 为什么智能网联汽车出海的数据合规痛点如此之多？

智能网联汽车出海的数据合规痛点如此之多，并不仅来自规定本身，这里面虽然有法律问题，但更多的还是组织架构、流程、技术现状等多方面共同作用的结果。在这个问题上，行业专家总结的观点更有说服力，我们总结几点作为本章引言。

在汽车行业“新四化”[①]的背景下，技术与数据结合驱动产品创新，数据驱动对于车辆安全性能和用户体验都不可或缺。全球的主要汽车生产国纷纷在监管上作出应对，法律规定和行业标准的更新迭代与时俱进[②]。熟悉、剖析和符合这些新规，对各大车企而言是一项必须完成的艰巨任务。

智能网联车辆的产品创新和研产销的过程，车企需要在组织架构、流程和信息系统建设方面进行匹配。撇开常见的 OA、ERP、财务系统不说，车企既有 CRM、SCM、SRM，还有行业化应用系统 BOM、PDM、TDM[③]，再加各种数据中台和物联网系统的建设。

汽车行业无论是在消费端还是供应链侧，都是典型的全球市场，这等于是以乘数效应增加了上面种种挑战的应对难度。

---

① 汽车行业“新四化”指电动化、智能化、网联化、共享化。2015 年中国汽车蓝皮书论坛围绕着“汽车四化”这一主题展开讨论，详见中国汽车蓝皮书论坛首度提出“汽车四化”趋势：https：//www.cheyun.com/articleDetail/7598。

② 例如，R155 和R156 要求车辆在 1958 协议国家范围内上市销售的前提条件是获得两个部分的合规认证：网络安全管理体系认证CSMS和车软件更新管理体系认证SUMS，具体请参见本章“正确理解R155 和R156 的适用——安全与合规的协作与融合”小节。

③ 安全内参.汽车行业头部企业核心系统采用情况一览[EB/OL].(2020-08-21)[2025-05-03].https：//www.secrss.com/articles/24971.

在我们参与的车企出海的数据合规工作中，也切身体会到了车企出海的难点之多、应对之复杂的局面。如何应对这些问题，都是参与各方在过程中各出所学、各显所长，一步一个脚印寻求解决方案。在这一章节中我们选取了几个有代表性的问题展开讨论，希望起到以点带面的效果，促使大家继续深入思考中国车企出海的应对策略。

这一章节有意避开了讨论整体数据合规方案或是最佳实践做法这些概念：一是考虑到现有的实践素材还不足以支撑这样一个全面的结论；二是在瞬息万变的全球监管环境中，不拘泥于寻求所谓的最佳定式，而是从遇到的问题中提炼出本质应用在新问题上，以期对各方在实践中开展工作更有帮助。

9.2 千万不要低估最基础的问题——到底谁是数据控制者?

这是个基础问题，有一段时间我们误认为这个问题比较简单，只需要按照“谁决定处理目的”这一规则来判断，就可以得出结论。但是随后在几个项目中，我们观察到，如何决定谁是数据控制者，不仅是一个法律定义问题，其中还伴随着商业考虑以及各公司和部门的不同考虑因素，有的项目甚至花费了一到两个月来讨论决定在出海项目中谁作为数据控制者最为合适。

为了让讨论更加具体，我们假设一个情形来讨论数据控制者概念的多种可能性。

一家新能源车企，既有集团公司，也有几家子公司，其中研究院子公司（子公司 A）设计了一款新 EV 车型，子公司 B 承担生产任务，也就是常说的主机厂，子公司 C 负责进出口和销售业务，子公司 D 负责售后的运维服务。此外，集团公司也在德国成立一家子公司 E，提供部分运维服务。

当这款 EV 车型在欧洲销售给车主后，应该把哪个主体认定为数据控制者?

集团公司统一规划部署公司的欧洲市场策略，所有的设计、生产和销售计划最后都需要由集团公司统一审批，能不能认为集团公司就是 GDPR 项下的数据控制者?

子公司A作为研究院，负责设计EV车型的功能、参数，能否也认定为属于可以决定收集欧洲车主和乘客信息的目的和范围?

公司B作为主机厂，直接负责EV车型的生产，是不是也可以认为是其中一个控制者?

子公司C也会收到欧洲经销商收集的车主信息，提供售后服务和未来的营销服务，那就营销服务而言是不是应该属于数据控制者，而就运维服务而言是否可认为是数据处理者?

在车企集团内部讨论这个问题时，可以看出如何界定不同主体的控制者或处理者的身份，基于GDPR关于数据控制者的定义，存在多种可能性。这时候就需要对比几种方案的优劣来决定。

我们选取两种可能性展开讨论，一种可能性是把A、B、C三家子公司界定为共同控制者，这时候需要思考的是共同控制者并非只是一个概念，界定为共同控制者后在法律上意味着有哪些潜在后果，或者说在实践中界定为共同控制者是否属于常见的做法?共同控制者往往意味着可能需要为其他主体的个人信息处理活动承担责任，在日常运营的场景中，真的可以做到多个主体之间的动作同步，都一样合规吗?

就共同控制者的问题我们特别咨询过欧洲的数据合规律师，问题的侧重点是在实践中界定为共同控制者且实施了完整合规方案的项目是否常见，从交流过的欧洲律师的回复来看，这并不是那么常见。

另外一种可能性是新车型在欧洲的销售和服务，集团内的各个主体如何分工以及承担哪种义务，都有灵活协商的空间，那么是否可以化繁为简，指定一个主体作为控制者，其他主体按照约定处理信息，然后各主体之间签署一份数据处理协议，清晰界定每个主体的权责边界。据我们观察，部分车企就是采用了这种做法，很好地平衡了不同主体间的合规义务与市场执行效率。

9.3 VIN码到底算不算个人信息?

9.3.1 这是车企在全球市场开展业务和部署系统时最常问到的一个问题

这个问题的重要性是，如果 VIN 码属于个人信息，收集、使用和跨境传输就需要按照每个国家的个人信息保护法律来处理，很有可能需要进行评估、签署标准协议或者向监管机构进行报告；如果 VIN 码不属于个人信息，对 VIN 码的处理和传输就无须遵守个人信息的有关规定，从合规的角度来说这对各部门都减负不少。

在和不同车企的人员交流时，可以发现关于 VIN 码的几个观点还是比较有代表性，抛开对错不谈，先总结如下：

（a）VIN 码很容易和其他信息匹配后识别车主，所以应该把 VIN 码定义为个人信息；

（b）车辆激活前④的 VIN 码不算个人信息，激活后的才算个人信息；

（c）有的认为不论对于集团内部还是供应商而言，VIN 码都构成个人信息，有的则认为 VIN 码只在集团内部构成个人信息。

除了以上观点，还有一种常见说法是按照个人信息的关联标准来判断，只要企业有可能将 VIN 码关联到车主身份，所有信息都构成个人信息，基本数据库中的信息必须按照个人信息来进行保护。我们也观察到，这种“有可能”的思维方式，导致了决策人员在涉及 VIN 码的具体场景中非常小心谨慎，甚至到了一种不敢对 VIN 码进行定性的程度，最后往往会形成这样一种结论，理论上总是存在 VIN 码与其他信息结合可以识别特定个人身份，所以只要涉及 VIN 码都按照个人信息对待。这种处理方式看似稳健，实则增加了合规成本，阻碍了业务推进效率。

我们的观点是 VIN 码是否构成个人信息，是一个法律定性问题，决定了个人信息的相关法律是否适用，定性必须清晰，容不得模棱两可的处理。

9.3.2 VIN码是否构成个人信息的分析

分析这个问题，我们先从 VIN 码的组成部分入手。

VIN 码是一个有全球标准的 17 位字符，包括世界制造厂识别代码、车辆说明部分和车辆指示部分。由 VIN 码的组成可以看出，VIN 码本身不包括个人识

④ 有的说车辆出售前VIN码不算个人信息，出售后才算是个人信息，和激活前、激活后的区分相似。

别信息。

对于车企来说，VIN 码是重要的信息，这是因为在保养和维修车辆时，都是需要 VIN 码来确认汽车零部件的匹配。此外，车企也会有外包的服务厂商，在进行检查和维护时，VIN 码也是确认车辆身份的重要依据。

在车辆出售后，行驶证上也会包含 VIN 码，这时候 VIN 码就会和车主的信息匹配起来，对于同时掌握车主和 VIN 码的主体，VIN 码就构成了个人信息，所以 VIN 码对交通管理部门而言也算构成个人信息。

在给车辆购置保险时，保险公司也会获取车主和车辆的信息，所以 VIN 码对保险公司而言也构成个人信息。

通过上面的讨论，我们回到基本问题——VIN 码在什么情况下构成个人信息?

我们认为，以车辆激活前后来区分，或是以集团内部和外部供应商来区分，都不是正确的方法。

判断 VIN 码是否构成个人信息，取决于收集 VIN 码的主体已有的信息，是否可以与 VIN 码结合，用于识别个人身份。此外，信息收集是一个持续的活动，收集 VIN 码的主体有可能在收集 VIN 码时，无法识别特定人士的身份，但是在后续又收集了额外信息达到可以识别特定人士身份的程度，那 VIN 码对这个主体而言，就会从非个人信息变为个人信息。这一点说明了 VIN 码对于特定主体是否构成个人信息，是一个动态过程。

9.3.3 通过VIN码再次审视个人信息的判定规则

在讨论个人信息时，经常会听到“识别说”和“关联说”两个标准，这里暂且不谈论这两个标准。我们通过回顾前述分析，判断是否构成个人信息，可以概括为以下三个步骤：

（a）第一步，确定具体字段；

（b）第二步，确定主体已掌握的信息与字段组合，看能否识别特定个人的身份。如果已掌握的信息已经可以确定个人身份，那新增字段都可以与已知的个人进行关联，当然也属于个人信息；

（c）第三步，如果主体已掌握的信息与字段组合，无法识别特定个人的身份，需要考虑主体可能获得哪些信息与字段组合后，用于识别特定个人的身份。

上面前两步都很清晰，问题出在第三步，数据控制者还可能获得哪些信息用于识别身份，这里的“可能性”有没有限定？是指理论上的可能性还是指实际可行的一种概率？

我们认为这里的可能性不能指向是单纯的理论可能性，如果这样理解，那就会得出一个不合理的结论：没有办法区分个人信息与非个人信息了。有的业内从业人员说得很生动，如果这里是指理论上的可能性，那在万物关联下，都是个人信息，也没有必要再进行区分，全球只需要个人信息保护这一部法律就足够了。

由这一个不合理的结论反推，那这里的“可能性”应该指向的只能是一种实际可行的概率，那接下来的问题就是，有关国家的法律和判例是不是这样定义和理解个人信息？根据我们的观察，多个国家的法律和判例反映出来的原则，都是在合理限定这种“可能性”的范围。

篇幅所限，这里选取新加坡 PDPA 和欧盟 GDPR 进行说明，这两部法律也是出海过程中最经常碰到的。

新加坡 PDPA 关于个人信息的定义中，在考虑机构[⑤]可以和哪些信息结合识别个人身份时，对于其他信息的范围限定在数据控制者“有可能获取”的范围。PDPC 在其指引中[⑥]解释到，应采取实际可能性来在判断“有可能获取”时应以实际可操作性[⑦]为标准，考虑到组织获得这些信息时的成本、时间和资源。如果获取的成本过高，不能仅仅是理论或技术上存在可能性就判定这些信息对组织来说属于个人信息。

我们再来看欧盟 GDPR 序言第 26 条对于“合理可能性”的界定，第 26 条

⑤ PDPA对数据控制者使用的表述是organization，并非controller。

⑥ PDPC指引全文和附录请见Advisory–Guidelines–on–Key–Concepts–in–the–PDPA：https：//www.pdpc.gov.sg/guidelines–and–consultation/2020/03/advisory–guidelines–on–key–concepts–in–the–personal–data–protection–act。

⑦ In general，the Commission will apply a “practicability” threshold in determining whether an organisation is likely to have access to other data that will identify an individual. As such，an organisation will not be considered to have access to other information if it is not practicable (e.g. where it requires huge costs，time，resources)even though it is theoretically or technically possible for the organisation to gain access to such information.

表明，在判断识别个人身份时，需要考虑合理可能的方式时需要考虑可能的客观因素，包括所需的时间和成本以及技术的发展现状。

在案例层面，CJEU 在 Gesamtverband vs. Scania[⑧] 的判决中指出两点，一是单独的 VIN 码不构成个人信息；二是在判断 VIN 码是否可与其他信息结合识别个人，需要考虑合理的可能性。虽然有观点指出 Scania 的判决思路和 Breyer 一案[⑨]有所不同，我们的观点是 CJEU 的说理思路整体上还是一致的，不能简单地以所谓的相对判断法和客观判断法来区分。如果对这个问题仍然有疑问，可以再仔细看一下 GC – T–557/20 – SRB v. EDPS 一案[⑩]的说理过程，就可以很好的理解这个问题。

通过更好梳理以上判例，我们更想带出的一个观点是，如果同属一个汽车集团的关联公司，如果有的主体可以证明其采取了技术措施，把个人信息识别字段和 VIN 码分开存储，而且该主体不会从其他关联公司获得识别列，那对于该主体而言，VIN 码不应构成个人信息[⑪]。

9.4　境外必须设立实体才能回传用户数据吗——以欧洲车联网平台为例

车联网生态平台搭建涉及的数据合规问题是最为综合也是最为复杂的一类项目，不同车企和不同供应商对于其中所涉问题的理解也不尽相同，具体应该怎么做都要在个案中探讨。从功能模块来看，车联网生态平台涉及呼叫中心、运维管理、经销商管理等多个模块。从网络安全架构来看，可以分为无线侧、有线侧和

⑧ Gesamtverband vs. Scania案(Case C–319/22)的判决请见https：//curia.europa.eu/juris/document/document.jsf？ docid=279492&doclang=EN。

⑨ Breyer案(Case C–582/14)的判决请见https：//eur–lex.europa.eu/legal–content/EN/TXT/？ uri=celex%3A62014CJ0582。

⑩ SRB v. EDPS案(Case T–557/20)的判决请见https：//curia.europa.eu/juris/document/document.jsf？ text=&docid=272910&pageIndex=0&doclang=EN&mode=lst&dir=&occ=first&part=1&cid=19364790.

⑪ Preiskel & Co. European Court reaffirms what ‘personal data’ means in new judgment[EB/OL]. (2024–01–09)[2025–05–03]. https：//www.preiskel.com/european–court–reaffirms–what–personal–data–means–in–new–judgment/.

服务器端[12]。从主体来看，可以分为主机厂、云服务商、运维主体和其他参与车联网生态的主体。由此可以看出车联网平台搭建时需要考虑的因素众多，而如何精准聚焦和评估其中的问题，则需要参与各方共同探讨。

为了便于讨论我们设计一个案例：一家车企计划将一款新车型出口销售到德国、英国、法国、意大利、西班牙、挪威六个国家，每个国家都设有经销商。车企未在欧洲设有子公司，提供有限的运维支撑。如当地运维无法解决就将工单升级处理，由国内 C 公司提供二线和三线运维。A 公司与 Y 公司（车联网平台供应商）达成协议，由 Y 公司提供欧洲车联网平台的搭建工作，包括位于爱尔兰的云服务器。

在整个车联网平台搭建的讨论过程中，涉及的数据合规问题很多，我们还是选取最高频的一个来讨论，那就是车联网平台的数据跨境传输问题。需要指出的是，车联网平台涉及的数据跨境传输，不只是数据流向的问题，它和运维团队配置、经销商安排和服务商几方面的问题都需要一并考虑。

讨论中有这样一个观点，说车企在欧洲必须设立实体才能回传用户信息。另外，这个观点补充到，如果不设立实体，就没法签署 SCC，回传用户信息不具备 GDPR 规定的法律基础，所以是不合规的。

这个观点，既不全对，也不全错，具有相当的迷惑性。在车联网平台建设过程中，各个岗位人员对这个观点的理解不同，因此讨论涉及的分支方案，有可能是在一个不成立的前提上在探讨纯理论上的可能性，最后导致实施时间非常紧张。

我们直入主题，先把遇到过的部分观点总结一下：

（1）车企基于业务运营需要，综合考虑欧洲的法律规定、产品进出口和销售、税务筹划、品牌管理等因素后，设立当地实体是常见的做法。

（2）以当地实体作为数据出口方签署 SCC，是车企数据出境的常用路径。有的建议优先考虑 SCC 这一选项，还有个别观点认为 SCC 是车企的主流做法，如果偏离可能会产生不确定性。

---

⑫ 犀思云.驾驭车联网的力量：深入车联网网络架构[EB/OL].(2024-01-22)[2025-05-03].https://bbs.huaweicloud.com/blogs/420752.

（3）车联网平台涉及人车绑定信息，有姓名，又有 VIN 码，所以车联网平台的数据跨境传输肯定涉及个人信息，不可能排除 GDPR 的适用，除非完全采用本地化运维，数据都存在当地服务器。

以上观点在讨论时，不同岗位的人员在理解时有分歧，即使是专业服务机构，在个别问题上也有分歧，这里展开讨论一下。

第一个问题，在欧洲当地设立实体，确实是常见做法，但是需要明确的是设立实体应当是综合考虑后的结果。GDPR 本身并没有规定必须设立当地实体才可向第三国传输个人信息。

车企鉴于 SCC 便捷高效率的特点，考虑是否可以适用 SCC 也很合理，不过由此就得出 SCC 是否属于主流做法，我们还没看到有统计数据支撑这一结论，也就无所谓 SCC 是否属于主流实践这一说法。

这里我们想带出的一个问题是，在个别项目的讨论中观察到了路径依赖，就是默认在欧洲设立一个主体作为数据出口方，然后与中国境内主体（作为数据接收方）签署 SCC 进行个人信息的传输。这种路径依赖忽略了探讨其他方案的可能性。为了方便头脑风暴，我们假设一个问题："如果不使用这种路径，还有哪些可行的路径可供车企选择？"我们来看下表的几种路径，既有 SCC 的不同签法，也有 SCC 以外路径的探讨。

序号	从 EEA 向中国回传数据的路径	相关考虑和观点碰撞
1	欧洲经销商（作为数据控制者）与中国实体（作为数据处理者）签署 SCC	这种传输路径，不只一家车企在方案中讨论过，从法律可行性来说不存在障碍，只是欧洲经销商是否认同这种身份划分需要进行讨论。在有的讨论中，可以感觉到欧洲经销商并不希望承担控制者的义务，所以会推脱说应该由车企作为控制者
2	车联网平台（作为数据处理者）与中国实体（作为数据控制者或数据处理者）签署 SCC	这是另外一种探讨过的方案，对于智能网联类型车辆的 GDPR 合规，这个方案值得引起更多重视

续表

序号	从 EEA 向中国回传数据的路径	相关考虑和观点碰撞
3	以签署和履行与欧洲用户间的合同所必需作为法律基础向中国传输欧洲用户个人数据	这个路径其实尝试通过 GDPR 的例外情形来进行向第三国传输个人信息，这个在不同项目中都探讨过，但是未能达成一致意见，鲜有企业采用
4	基于数据分类分级、权限控制和脱敏、去标识化等方法，实现具体模块功能时仅传输非个人信息，从而排除 GDPR 的适用	不同车企对于这一方案的理解不同，即使是同一企业的内部对这个问题的理解分歧也较大，结合 GDPR 匿名化的标准来判断，这一方案在实践中的重要性应该被重新评估

以上方案在具体场景中能否成立还有待进一步分析，这里主要是指出在车联网平台的数据跨境传输设计方案中，应避免落入 SCC 路径依赖的状态。车企应充分考虑车联网平台运维模式下各方主体如何互动，二、三线远程运维是否必须访问个人信息才能提供服务。

另外我们也希望指出来，对于上面不同方案的理解也会随着实践工作发生认知的改变。例如，早些年有的观点认为，车联网数据跨境传输行为的责任主体上应该是车企，签署 SCC 的也应该是集团之间的关联公司，供应商作为受托处理方不应作为数据跨境的责任主体。现在看来这个观点是站不住脚的，一是这种解读不符合 GDPR 的条文，二是很可能把数据控制者的问责原则生硬套用在跨境场景。云服务商、车联网供应商以及受托处理个人数据的主体都可以作为 SCC 的签署主体。

又如，建议在假设实现完全本地化运维的前提下，可避免触发 GDPR 第五章的适用，现在看来这个建议并不符合中国车企的实际情况。如果了解了中国车企现阶段在境外的业务布局和生产、运维团队的分布之后，就会了解以本地化运营作为前提给建议，并不符合行业现状。

我们也观察到，在如何实施车联网平台时，也有不只一种方案可供选择。其中一个思路是自建车联网平台，这对项目的整体规划能力要求较高，特别是需要明确供应商在搭建过程中就要同步把数据合规的功能和措施嵌入。如果项目实施资源有限，周期紧张，也有的平台在搭建时会把 GDPR 的合规要求作为招标响应的一部分，转嫁到中标单位身上，这个过程中如何在双方之间分配责任并遵守 GDPR 的问责原则，是后续值得持续跟进的一个重要问题。有的项目则是采购车联网平台供应商的产品和服务，从近期的研究报告[⑬]来看，这类型供应商在集成服务方面除了反映跨域融合与场景融合的趋势，有的供应商也开始将数据合规能力作为核心交付内容之一，以期增加解决方案对于车企的吸引力。

以上仅是以车联网平台中的运维模块为例再次审视 GDPR 项下的数据回传问题，由此可以看出全场景融合[⑭]的车联网平台的数据合规方案设计，是一项更为复杂的综合工作。

9.5 车企集团旗下子品牌的 CRM（客户关系管理系统）可否打通进行营销推广工作?

这个问题的提出从集团公司的角度很好理解，旗下各子品牌的车型由集团的各子公司负责，车辆的研发、制造和销售都是在集团的旗帜下展开，由此产生的收入都可以合并报表，那么各个子品牌的车主信息，不也当然是属于集团的信息资产，集团想用于后续的营销触达工作，也是很合理的。在为车企服务过程中，这个问题也不止一次被问到。

这个问题涉及几种情况，在下面展开讨论。

如果集团有一份隐私政策涵盖旗下所有品牌，告知用户其信息将会用于各子品牌的营销活动，用户也同意，这时候可以建立一个打通全部子品牌的 CRM。然而这种理想的做法，只是一种完美假设，在汽车行业的实践中并不存在。

在汽车行业中，从潜客引流、试乘试驾到下单交付和售后服务，有多个主体通过多种渠道触达客户，这些主体收集客户信息的目的有所不同，隐私政策也各有不同，整个过程中客户的信息用于营销推广场景如何拉通，在实践中是一项耗时费力的工作。经常出现的一种情况是不同的主体负责运营不同子品牌，其隐私

⑬ 佐思汽研.2024—2025 年汽车 TSP 及应用服务研究报告[EB/OL].(2024-12-30)[2025-05-03].https://db.shujubang.com/home/login/index/gid/20994.

⑭ 围绕出行全场景可能包括导航、停车、充电、娱乐、社交、保养服务、保险服务等场景。

政策中关于如何将客户信息用于营销推广的做法并不一致，明确写明可以全部归集到集团 CRM 的条款并不常见。

如果想要把各个子品牌的客户信息汇集到一个大一统的 CRM 系统，并不是简单的联系人信息汇总，而是将多种触达客户的渠道所收集的信息拉通全部用于营销推广的目的。这里的挑战主要在于在不同渠道触达客户时，收集的目的有所不同，这就是我们所说的原目的，而将信息用于营销推广，是一个新目的，改变信息的使用目的，需要再次确定是否具备法律基础，而这个问题是容易被忽略的。

在意识到这个问题后，如何实现打通各子品牌之间的营销策略呢？其中一种设想是统筹各个子品牌触达客户的端口，同时结合各种购车和置换的优惠计划，通过标准化的措辞尽可能让客户同意接收集团其他品牌的推广信息。在提出这一设想时，有的车企可能会觉得工作量太大，但是经过探讨更具体的实施方案后，从法律可行性上来说大家还是认可的，只是如何实施确实有赖于各个子品牌高效配合。

9.6 关于标准合同条款的几个待定问题

标准合同条款（SCC）本质上是监管机构认可的标准协议模板，属于个人信息跨境传输的一种工具。与个人信息保护认证、约束性公司规则（BCR）相比，SCC 在成本、效率和便捷方面的优势明显，可以明显感觉到企业（特别是中小型企业）在跨境传输个人信息时会优先考虑使用 SCC。

在已经把 SCC 纳入规定的国家和地区来说，使用 SCC 作为个人信息跨境传输的路径，做法也比较接近。有的要求签署 SCC 后需要备案，有的则不需要。

虽然 SCC 的使用频率较高，但是在协助车企分析和签署 SCC 的过程中，仍然有一些待定问题，这些问题应该如何理解和处理，我们还在继续观察，在本章节中我们把部分有代表性的问题和观点一并梳理出来，供读者探讨。

中国车企在出海时，在跨境传输个人信息时选择 SCC 这一途径，主要是两方面的问题需要处理。如果是中国车企从中国境外向境内传输个人信息，适用的是传输方所在国的 SCC 版本，这时候往往侧重于正确理解国外法律中关于签署 SCC 的要求。如果是中国车企从中国境内向中国境外传输个人信息，适用中国的个人信息出境标准合同，这时候的工作侧重点可能会略有不同，主要体现为如何协助数据接收方正确理解中国的法律规定以及个人信息出境标准合同的条款。之所以特别提出这个问题，主要是在 SCC 签署过程中，还是会遇到对规则理解偏差的情况。

此外，在 SCC 签署过程中也可能会遇到小插曲，那就是需要准确识别 SCC 能否作为跨境传输个人信息法律基础的问题，这个问题我们会以东盟示范合同条款（东盟 MCC）作为示例讨论。

（a）SCC的效力和管辖问题

这是一家总部位于德国的母公司与中国境内子公司签署 SCC 时遇到的问题。母公司的法务提出来，集团对于签署 SCC 比较顾虑，原因是他们觉得一旦签署这个文件，母公司就需要受中国《个保法》管辖，他们要按照《个保法》开展全面合规工作。同理，集团在全球 40 个国家运营，母公司每签署一份 SCC，就要按照该国法律开展个人信息合规工作，母公司就是一个主体，这个主体怎么能做到同时符合 40 个国家关于个人信息保护的规定，况且这些国家的规定并不完全一致，甚至还存在冲突？

法务人员特别就这个问题的理解来咨询建议，还提到，如果这个结论是成立的，那么预计向董事会汇报时就会是“炸锅”的反应，因为谁也不知道怎么用一个主体同时开展四十个国家的合规工作。

这种理解很可能是来自《个保法》第三条第二款的解读。另外，我们也注意到有的观点认为 SCC 通过合同约束力将中国境内管辖权延伸至境外[15]。多个国家的个人信息保护法问题都有类似的规定，如何分析域外适用效力，现在未有定论，我们认为应该谨慎分析，避免宽泛描述一国法律的管辖权可延伸至其他国家，这样容易引起歧义。

就中国法项下的个人信息出境标准合同而言，我们认为还是应该从合同的本质出发，境外接收方签署了标准合同，受合同约束，应履行合同义务。如果是和履行合同义务相关的，境外接收方应符合中国《个保法》的规定，如实现个人信

⑮ 王一楠，全婉晴，张奕欣.全球数据跨境流动标准合同条款研究：欧盟SCC[EB/OL].(2022-07-26)[2025-05-03].https://www.secrss.com/articles/45102.

息主体的权利。这种合同义务不能理解为等同于《个保法》第三条第二款的域外适用条款。考虑到企业是一家德国公司，我们也特别引用了 GDPR 域外适用效力的条款进行比较说明，指出了这个问题如何阐述的多种可能性，打消了德国车企的顾虑。

（b）签署SCC后需要承担非常宽泛的信息披露义务

这是在签署个人信息出境标准合同时的另外一个顾虑，有的境外接收方会特别指出个人信息出境标准合同第三条，这一条款的全文是“同意在监督本合同实施的相关程序中接受监管机构的监督管理，包括但不限于答复监管机构询问、配合监管机构检查、服从监管机构采取的措施或者作出的决定、提供已采取必要行动的书面证明等”。

经沟通，我们发现这一理解的偏差很可能是来自割裂看待合同条款文字，而忽略了《网信部门行政执法程序规定》等规范执法程序的规定。此外，我们也与有关企业分享了若干示例，指出企业如果认为被要求提供的信息和材料与被问询的问题无关，可以遵循流程向有关部门提出。但在分享了以往应对案例后，这一顾虑大多也就打消了。

（c）SCC高度相似，企业能不能签署一份适用于整个集团的个人信息跨境传输协议？

这也是一个实践中遇到过的问题，我们把不同企业的观点梳理归纳为一个，便于讨论，大意是法务部门做了比较详细的对比研究，发现不同国家和地区的 SCC 的条款高度相似，那能不能按照“实质大于形式”的原则，与分布在不同国家的关联公司签署一份“集团之间的个人信息跨境传输协议”，这样能不能视为已满足了不同国家法律下 SCC 的签署要求？

虽然欧盟和东盟在 2023 年 5 月 24 日发布了《东盟示范合同条款和欧盟标准合同条款的联合指南》[16]，对东盟示范合同条款和欧盟标准合同条款的异同进行对

⑯《东盟示范合同条款和欧盟标准合同条款的联合指南》全文请见Joint Guide to ASEAN Model Contractual Clauses and EU Standard Contractual Clauses：https：//commission.europa.eu/system/files/2023-05/%28Final%29%20Joint_Guide_to_ASEAN_MCC_and_EU_SCC.pdf。

比，旨在促进形成一份最佳实践指南，但是现在说可以形成国际版本的 SCC 还为时尚早。在与有关部门沟通过程中，暂时还没看到认可集团之间的个人信息跨境传输协议可以替代 SCC 的反馈。

（d）注意东盟示范合同条款（东盟MCC）的效力

我们经常说到，SCC 可以作为个人信息跨境传输的法律基础，但是需要注意例外情况，这里以东盟 MCC 为例稍作说明。

假设有一家中国企业的产品在东盟占据了客观的市场份额，在印度尼西亚、马来西亚、新加坡、泰国都设有子公司，经常要把当地消费者的联系方式和下单情况回传至中国境内的服务器。有一天企业发现东盟也有自己的示范合同条款了，我们让子公司和母公司签署一份东盟 MCC，然后回传消费者信息就合规了，这种说法是否成立呢?

这个问题取决于东盟 MCC[17] 的性质。东盟 MCC 是一项自愿采纳的合同条款，主要是设计用于在东盟成员国之间传输个人信息时使用。东盟 MCC 的合同条款自身并不自动等于符合东盟成员国的法律，因此在使用东盟 MCC 时，仍应根据特定国家的法律进行修改，才有可能达到合规效果。例如，新加坡认可东盟 MCC 可以作为 PDPA 项下的个人信息跨境传输的法律基础，既包括在东盟成员国之间的传输，也包括从新加坡向东盟成员国以外的国家传输。新加坡 PDPC 鼓励使用东盟 MCC，并颁布了指引指导企业如何使用东盟 MCC。

9.7 正确理解 R155 和 R156 的适用——安全与合规的协作与融合

随着汽车智能化、网联化的快速发展，网络安全已成为汽车行业不可回避的

⑰ On 22 January 2021, the 1st Association of Southeast Asian Nations (ASEAN)Digital Ministers' Meeting (ADGMIN)approved the ASEAN Data Management Framework (DMF)and Model Contractual Clauses for Cross Border Data Flows (MCCs). The initiatives were developed by the Working Group on Digital Data Governance chaired by Singapore. https: //www.pdpc.gov.sg/help-and-resources/2021/01/asean-data-management-framework-and-model-contractual-clauses-on-cross-border-data-flows.

重要议题。为了确保汽车的网络安全性和软件更新的可控性，联合国欧洲经济委员会[18]于2020年发布了两项重要法规：《车辆网络安全和网络安全管理体系的统一规定》（R155）[19]和《车辆软件更新和软件更新管理体系的统一规定》（R156）[20]。

R155要求车辆制造商建立网络安全管理体系（CSMS），以确保汽车在整个生命周期内能够有效防范网络安全风险。R156要求车辆制造商建立软件更新管理体系（SUMS），确保车辆软件更新（包括OTA远程更新）安全和可追溯。

欧盟率先通过立法将这两项法规转化为市场准入要求：自2022年7月1日起，进入欧盟市场的相关车辆制造商需要取得CSMS认证和SUMS认证，同时还需为新生产车辆申请车辆型式认证（WVTA/VTA）证书，否则将无法进入欧盟市场。日本和韩国也相继宣布跟进R155和R156在国内的立法转化[21]。

中国通过GB 44495–2024《汽车整车信息安全技术要求》（对应R155）和GB 44496–2024《汽车软件升级通用技术要求》（对应R156）这两个强制性国家标准，实现了对R155和R156的本土化转化[22]，在汽车信息安全领域与国际标准体系正式接轨[23]。

此外，国际标准化组织（ISO）于2021年发布了ISO/SAE 21434《道路车辆–网络安全工程》，该标准定义了车辆网络安全的完整框架和产品网络安全生

---

⑱ R155和R156均由联合国欧洲经济委员会(UNECE)发布，由联合国欧洲经济委员会下全球车辆法规协调论坛(WP.29)制定。WP.29负责制定和监督全球汽车安全相关的技术法规和标准。这些法规适用于所有签署该协议并同意将相应法规纳入其国内法律或强制实施要求的国家。欧盟和日本已经将R155和R156转化为国内立法或强制实施要求。

⑲ R155全文请见UN Regulation No 155 – Uniform provisions concerning the approval of vehicles with regards to cybersecurity and cybersecurity management system [2021/387]：https：//eur-lex.europa.eu/eli/reg/2021/387/oj/eng。

⑳ R156全文请见UN Regulation No 156 – Uniform provisions concerning the approval of vehicles with regards to software update and software updates management system [2021/388]：https：//eur-lex.europa.eu/eli/reg/2021/388/oj/eng。

㉑ UNECE.Three landmark UN vehicle regulations enter into force[EB/OL].(2021-02-05)[2025-05-03]. https：//unece.org/sustainable-development/press/three-landmark-un-vehicle-regulations-enter-force.

㉒ 工业和信息化部装备工业一司。三项智能网联汽车强制性国家标准正式发布[EB/OL].(2024-09-02)[2025-05-03].https：//wap.miit.gov.cn/jgsj/zbys/qcgy/art/2024/art_e1bb0d211dbf40a2949b28deb8a96d19.html.

㉓ 中国是联合国世界车辆法规协调论坛(WP.29)《1998年协定》的签约国，不是《1958年协定》的签约国。由于R155和R156是《1958年协定》下的法规，中国不能通过直接立法采纳R155和R156作为强制性标准。

命周期的相关流程，对 R155 法规的落地起到支撑作用[24]。

从欧盟、中国、日本、韩国和 ISO 各方的行动可见 R155 和 R156 对汽车行业的影响之深远。一方面车企若想进入欧盟、中国、日本、韩国等主要市场，必须符合 R155 和 R156 相关规定；另一方面，进入未明确跟进 R155 和 R156 的市场，ISO/SAE 21434 认证也成为证明汽车网络安全性的优先选项。换句话说，R155 和 R156 实际上已成为全球汽车网络安全的“硬门槛”，车企若想顺利销售车辆，就必须满足这些要求。

我们在这里作关于 R155 和 R156 的介绍，不只是因为它们影响深远，也不是要教大家怎么做相关认证，而是因为我们注意到它们揭示了一个新的趋势——安全与合规的深度融合。

过去，汽车安全认证的重点主要集中在信息安全，而 R155 和 R156 带来了更广义的“安全”概念，涵盖了安全性和合规性两个维度。这一点在法规文本中并不明显，我们也是结合项目工作和中国的本地化实践逐步发现和印证这一点。

我们最初体会这一点是因为传统的汽车认证机构在提供 CSMS 认证服务时，开始与律所合作，这在以往的安全认证中并不常见。究其原因，CSMS 的建设涉及用户管理、应急响应等模块，而这些模块需要满足 GDPR 个人数据保护要求，因此需要律师来负责相关的合规工作。

我们也遇到过某些车企在推进 R155 和 R156 建设的招标项目中，由于未意识到安全与合规的融合趋势，导致了流标的案例。最初，招标方案仅面向安全公司，然而评标委员会对其 GDPR 方案的合规性提出疑问，认为缺乏法律支撑。随后，车企调整策略，将招标对象改为律所，但律所虽能提供合规方案，却无法满足网络安全的技术要求。流标的原因和解决方案现在再看就很清晰，安全和合规是两个高度专业化的领域，无法由单一机构完全覆盖，只有明确划分各自的职责，并接受安全公司与律所的联合投标，才能确保项目顺利推进。这一案例充分说明，在 R155 和 R156 体系下，安全与合规必须并行推进，企业若忽视其中任

㉔ 2020年发布的UNECE R155解释文件中，明确提到ISO/SAE 21434可以作为证明和评估CSMS的基础。详见Proposals for Interpretation Documents for UN Regulation No. 155 (Cyber security and cyber security management system)：https：//unece.org/sites/default/files/2021-02/ECE-TRANS-WP29-2021-059e_0.pdf。

何一环，都可能面临合规风险或技术短板，影响市场准入和项目落地。

我国 GB 44495–2024《汽车整车信息安全技术要求》也体现了安全与合规的融合理念。例如，GB 44495–2024《汽车整车信息安全技术要求》提出，车辆应参照 GB/T 44464–2024《汽车数据通用要求》来满足车辆数据车内处理、默认不收集、精度范围适用、脱敏处理、个人同意及显著告知等要求，在这一规定下，GB/T 44464–2024《汽车数据通用要求》规定的个人信息处理要求，从选择性适用变成了强制性适用。车企在进行整车信息安全管理体系建设时，必须遵守这些个人信息保护的合规要求。

这一变化，意味着未来车企在推进网络安全建设时，从车型设计之初，就不能只考虑安全技术方案，还要同步满足数据合规要求。

9.8 中东地区的 IoT 注册流程怎么应对?

在这一小节谈谈如何理解车企的数据合规服务需求。这一点上我们的体会是数据合规与行业监管方面是一个整体架构，在响应车企的数据合规服务需求时，应避免割裂地考虑数据监管规则和适用行业的监管规则。

我们以车企出海阿联酋的 IoT 注册流程为示例展开讨论。除了考虑个人信息保护问题，车企出海阿联酋还应考虑本地实体设立以及与当地代理的关系问题。如果暂不考虑设立当地实体，那当地代理除了负责车辆进出口流程，还会在 IoT 注册流程中作为名义上的申请方，这里面涉及的权利义务问题需要双方在代理协议中予以明确。这里还需要预料到，如果代理关系终止，那合作伙伴如何配合车企变更 IoT 代理流程也需要事先约定好。其他需要考虑的监管问题还包括车联网服务会不会构成关键目的物联网服务（mission critical IoT service），另外也需要同步考虑如果涉及虚拟 SIM 卡（Soft SIM），还会触发额外的规定适用。在进行 IoT 注册时，是注册整车还是车载系统？还是说注册 TBox ？都是要需要确定的重要问题。另外阿联酋 IoT 注册需要提交符合性证书（Certificate of Conformity），那之前在欧盟已经取得的符合性证书阿联酋是否承认，如果承认就可以缩短注册流程时间。

这些考虑都指向了方法论的一个重要主旨，那就是数据合规问题与行业监管规则是一套不可割裂的完整规则，在进行合规应对时必须通盘考虑，避免遗漏[25]。

9.9 案例浅谈——对同一个数据问题的不同理解

在这一节的案例浅谈不局限在合规视角，我们来看企业内部对于同一个数据问题可能作出的不同反应。

假设一家车企近期突然收到了大量车主查询座舱系统收集了哪些信息，另外伴随着座舱系统收集个人信息的投诉增加，这个现象在多个国家都观察到了。

这时候内部需要开会复盘，客服部门、IT 部门与法务部门一起开会处理问题，寻求解决方案。不同部门的职责不同，并不一定都是从合规视角作为起点审视这个问题。举例说，客服部门的反应就是按照公司客诉流程，处理不过来，解决方案就是增加人手。IT 面对同样的问题，反应可能是能不能通过加购一个隐私管理工具来解决人手不足的问题。法务部门的第一反应大概会是，是不是座舱系统收集车主信息存在合规问题。

这里可以看出不同部门对于同一个数据问题的理解可能截然不同，但是最后都会归结到安全与合规两个点上进行评价。

在实际工作中会经常遇到类似的问题，会时不时遇到企业的各部门在协作应对数据合规问题时，仍然存在割裂应对的情况。常见的表现形态主要有两种，一种情形是部门之间的协作不足，例如在上述案例中，客服部门将问题成因判定为人手不足，IT 部门将解决方案判定为需采购隐私工具，最后可能发现问题是车载系统告知用户的隐私政策的文本错误，导致短期内查询和投诉增加，那修改隐私政策就可以解决。

另一种情形是部门之间有互动协作，但是次序出现了问题。这里要强调的是合规评估应当前置，实践中业务先行的思路比较普遍，经常会遇到某产品、某功能要上线前才来做数据合规排查，这样就会面临不确定性的风险。例如，在一个

㉕ 关于沙特CST认证和阿联酋IoT认证更多实务信息，可参见孙鹏程，卢雨琦等。沙特&阿联酋车联网准入认证实务指引[EB/OL]. 数据安全共同体计划微信公众号。(2025-02-11)[2025-05-03]https: /mp.weixin.qq.com/s/ZD4wY8HyeNqLmslELvXq4Q.

CRM 系统升级改造的过程中，企业采购了声称是已经合规的 CRM 产品，不过在排查后，发现并非如此，需要重做一大部分合规工作来补救，既耽误了项目进度又增加了合规成本。

9.10 小结

今年（2024 年）3 月，中汽研主办了“汽车数据治理与安全发展研讨会”，多家主机厂安全公司和行业专家共聚一堂，探讨了在车企出海面临着越加复杂的监管背景下，如何作出有效应对，继续保持销量增长的势头。

这次研讨会涵盖了以下关键议题：

（1）车联网的数据安全。

（2）出海过程中如何制定数据合规策略。

（3）美国制裁和出口管制规则对于中国车企出口的影响。

（4）欧盟电池新规和外国政府补贴条例的影响（正在制定中）。

（5）美国关于汽车行业的国家安全风险声明（细则将会陆续公布）。

同时我们也了解到，在欧美新规出台前，出海车企纷纷将提高海外销量作为优先级任务，同时着手进行合规体系建设，以应对未来两年可能落地的新规。

全球监管趋势的变化，反映的本质是中国车企的产品力和知名度在全球市场快速增长这一事实。虽然监管规则的变化为中国车企出海带来了挑战，但是机遇与挑战并存，如能采取有效的合规应对策略，中国车企可以更从容地作出应对，实现销量持续增长。

10.游戏App出海的几个热点问题

10.1 从游戏行业出海趋势看数据合规热点

海外游戏市场的中国发行商数量持续增长，越来越多中国企业开发的游戏产品在海外取得良好口碑，进入细分榜单头部位置的中国游戏数量持续增加。从另一个角度来看，海外市场的营收占比在 2022 年、2023 年小幅下降后，在 2024 年已经重回增长轨道①。

中国游戏产业出海，面临着多方面的合规问题，从 IP 授权到本地化内容，从营销推广到用户信息保护，都需要进行相应的部署和应对。在进行本章的内容设计时，我们还是本着用一个案例把相关问题说明白的思路来展开探讨。

这一章展开讨论的问题的灵感来自《2024 年中国游戏出海研究报告》②的内容与实践工作的碰撞。一方面是报告指出了中轻度移动游戏出海成为新风口；另一方面是我们在实践中遇过的问题提供了生动有趣的素材，两者汇聚之下我们会以益智游戏出海为假设场景来说明有关问题。选择益智游戏而不是其他类型的游戏，主要是考虑益智游戏可能覆盖全年龄段用户，在用户信息合规角度更适合用于说明实践中遇到的问题的复杂性和应对策略。

10.2 从谷歌应用市场上架的一款益智游戏说起

我们通过一个假设案例来说明其中的问题：有一家开发益智游戏的公司，在谷歌应用市场上架了一款游戏 App，内含多款游戏。100 多个国家的用户都可以

---

① 伽马数据.完整版出海报告：四大趋势，中国自研海外收入大增13.39%[EB/OL].游戏产业报告微信公众号。(2024-12-24)[2025-05-03].https：//mp.weixin.qq.com/s/Z3AkQPfbfmQuRAExBuYbig.

② 王谊帆，沈光倩.《2024 年中国游戏出海研究报告》发布[EB/OL].(2024-12-13)[2025-05-03].http：//jinbao.people.cn/n1/2024/1213/c421674-40381746.html.

下载。这款游戏 App 内游戏的设计适合的用户年龄段范围比较大，年龄“12+”的用户都可以下载。用户可以选择免费玩游戏，但在玩游戏过程中会弹出广告。用户也可以选择付费消除广告，享受更好的游戏体验。

游戏产品在细心打磨后迎来了快速增长期，保守估计日增用户十万级别。这时候有家长用户投诉，主要事由是子女在玩游戏时弹出的广告涉及成人内容。这件事被一名美国记者知道了，记者以这款游戏广告内容未能落实未成年人权益保护问题，联系公司要求说明。公司未能及时回复，记者继续投诉到谷歌应用市场。应用市场要求公司进行回应。

作为权宜之计，公司暂时把游戏适龄人群从“12+”调整到了“18+”，先确保能恢复上架，然后同步处理别的问题。这样调整的代价就是 12—17 岁用户群体的流失，据估算这部分用户群占比也不低。

另外更有趣的是，有的未成年人用户以公司无正当理由调高适龄群体而导致他们无法下载，他们认为这种“游戏权”也是未成年人权益保护的一部分，所以投诉公司剥夺了他们的“游戏权”。

说到这里，大家可能会觉得公司处在一种两难局面，不论如何调整适龄用户群体，都会有另外一方跳出来表达不满，声称自己的权益受到了影响。

能不能主张这种“游戏权”，每个人的价值判断都会不同，但这并非这一章节的讨论重点。这个假设案例所带出的用户信息（尤其是儿童用户）保护与合规的问题是多方面的，也非常具有实务价值，我们会在以下几个小节中展开讨论。

10.3 游戏 App 是否必须有用户年龄的验证机制?

在这个假设案例中，App 用户量激增之后容易受到记者和权益组织拿着放大镜来审视用户信息保护问题，这个过程中也很可能会有“钓鱼”问题，而在用户群体中又以未成年用户群体的信息保护最为敏感，处理起来稍有不慎就可能惹出舆情风险。

这里有一个前提问题，一款 App 需要首先了解用户群体构成，然后才能判断各个年龄段的用户分布，再据此判断是否有未成年用户，然后再据此判断应该采取的儿童个人信息保护措施[③]。

基于这个逻辑，有的问到这样一个问题，法律有没有规定必须先核实用户年龄才能让用户玩游戏？如果没有核实年龄的义务，那后续的儿童信息保护义务是不是也就无从谈起了？

这个问题具有一定的迷惑性，我们分别从美国《儿童在线隐私保护法案》（COPPA）[④]、欧盟《视听媒体服务指令》（AVMSD）[⑤]和法国《互联网访问设备家长控制法》（第 2022-300 号法令）[⑥]的有关规定下来审视这个问题。

COPPA 是儿童个人信息保护领域非常有代表性的一部法律，我们先从 COPPA 开始探讨。受 COPPA 管辖的主体有三类，分别为：（一）面向儿童的网站和线上服务；（二）面向一般用户的网站和线上服务，但是该运营者实际知道（actual knowledge）其收集、使用或披露儿童（小于 13 岁）的个人信息；以及（三）一个网站和线上服务从另一个面向儿童的网站和线上服务直接收集儿童的个人信息。COPPA 的规则细致全面，而且第三类主体可以涵盖广告平台和第三方插件，但是 COPPA 并不要求运营者调查用户的年龄。在判断网站和线上服务是否面向儿童时，会综合考虑主题和其他与儿童相关的特征。同样，在判断运营方是否"实际知道"，也无须以核实用户的年龄为前提。收到家长的投诉或是用户的行为和发布的内容表明其是儿童用户，已可满足"实际知道"的标准。

我们再来看看欧盟《视听媒体服务指令》[⑦]是怎么规定的。指令中包括要求成员国采取措施保护儿童免受不良内容的影响。指令在 2018 年修改后，这类保护儿童的义务也延伸到了视频共享平台和社交平台。我们可以看到，指令并未把核实用户年龄的义务作为合规前提，但是我们不禁会思考，如果不对用户年龄进行

③ 如果适用COPPA的规定，应取得可验证的父母/监护人同意。

④ 美国《儿童在线隐私保护法案》全文请见Children's Online Privacy Protection Rule：https：//www.ftc.gov/legal-library/browse/rules/childrens-online-privacy-protection-rule-coppa。

⑤ DIRECTIVE (EU)2018/1808 OF THE EUROPEAN PARLIAMENT AND OF THE COUNCIL of 14 November 2018.

⑥ 法国《互联网访问设备家长控制法》(第 2022-300 号法令) 全文请见Loi du 2 mars 2022 visant à renforcer le contrôle parental sur les moyens d'accès à internet：https：//www.legifrance.gouv.fr/jorf/id/JORFTEXT000046254262。

⑦ 欧盟《视听媒体服务指令》全文请见Audiovisual Media Services Directive (AVMSD)：https：//eur-lex.europa.eu/legal-content/EN/TXT/？ uri=LEGISSUM：am0005。

核实和内容分类，又如何有效保护儿童用户群体免受不良内容影响呢？这样是不是能够推导出一个结论，核实用户年龄虽然不是法定义务，但确是实现这类合规义务的题中应有之义。我们倾向这样理解，但是我们也知道，这一观点并不能代表广泛共识。这里暂时搁置对于不同观点的讨论，我们以视频和社交平台实践做法并按照时间线来梳理，可以观察到，各大平台在近几年有的已开始实施用户年龄核实机制，有的开发专门针对儿童用户的应用，有的则是在核实家长同意时要求提供身份证或出生证明。通过这些观察或许可以得出这样一个结论，平台实践做法的改变很大程度上代表了平台对规则的理解也发生了变化。

此外，法国的《互联网访问设备家长控制法》似乎也是遵循这一理解进行立法。根据该法规定，终端设备制造商需要在儿童使用的终端设备[⑧]上提供家长控制功能，让家长通过这些功能避免儿童受不良内容影响，以更好地保护儿童的身心健康。如果要实现家长控制功能，那就不可避免地涉及了解“儿童用户年龄”这一环节。亚马逊法国站的卖家已经收到了关于“终端设备家长控制”品类的合规邮件，商品需要符合该法律的要求才能上架。

基于以上的讨论可以预料到，如果一款游戏是面向儿童群体，或者面向全年龄段用户，在近年来各国越发重视儿童权益保护的背景下，对用户群体年龄进行核实，对于儿童用户的信息提供重点保护，从合规应对角度看不失为一种良好实践。

10.4 以游戏不面向未成年人作为抗辩，能否免除或减轻合规义务？

作为上面问题的延续讨论，曾经有企业在“头脑风暴”时提出，儿童个人信息保护的规则烦琐，性质又敏感，大家认为这是个烫手山芋，都想避开，所以能不能使用化繁为简的处理思路，在用户协议中明确一个前提，只接受 18 岁以上的用户成为注册玩家。通过协议安排避开未成年人用户，这样是否就可以不用再花精力考虑儿童个人信息保护的问题了？

⑧ 包括个人电脑、平板电脑、GPS设备、智能手机、智能电视、智能手表等。

这个问题其实是年龄验证问题的另一面，它并没有一个标准答案，关键还是要看游戏的类型和特点以及如何宣传，然后再用客观标准判断儿童有多大可能会成为用户群体。

这里可能会有两种可能性。一是不论从游戏题材还是宣传方式，都彻底排除了未成年人用户，这种再结合用户协议和各种声明限定用户年龄群体，这种类型的游戏确实有可能把未成年人的信息保护义务从源头排除，从根本上不触发儿童用户信息保护的义务。二是如果游戏设计主要是面向儿童群体或是设计为适合全年龄段人群的游戏，仅尝试通过用户协议来限定用户年龄，并以此达到不用特别关注未成年人信息保护的效果，我们认为是不牢靠的，而且这也与未来监管趋势和用户期待不符。

分析至此，结论也就很清晰了，仅靠服务协议排除儿童用户群体并非有效的合规盾牌。

10.5 设置用户账户体系是数据合规与商业变现的重要抓手

对于出海的轻量化游戏 App 是否设置用户账户体系，是另一个值得探讨的问题。这个问题在实践中也多次探讨过，以往的讨论大多侧重考虑用户体验以及由于设置用户账户管理体系而带来的成本和工作量。我们希望在这一小节中就这一问题展开更为深入的讨论。

在考虑是否要求用户必须注册账号才能玩游戏时，用户是否觉得便利是经常听到的考虑。有的开发团队表示，担心注册账号让用户觉得麻烦，就不玩这个游戏了。此外，如果一款轻量化游戏本身就是免费提供，主要的收入都来自广告展示，那额外开发和管理用户账户体系，可能会是一项实质成本，公司肯定需要算账平衡，对于这些必须考虑的因素都可以理解。

既然前面说了需要更深入讨论，那就不能只停留在这个层面来考虑这一问题，在下面我们根据观察提出几个可能促使游戏公司愿意考虑设置用户账户体系的考虑因素。

首先是考虑到账户注册的流程可以由公司把握，再加上使用社交账号登录已经很便利，公司完全可以通过简化注册流程，尽可能让用户以不觉得麻烦的方式就完成创设账号。关于是否需要用户填写更多信息，完全可以在用户开设账号后，通过各种激励手段手段鼓励用户多提供信息。已有不少案例证明，把注册和提供信息两个步骤拆开，再通过各种游戏奖励，用户不仅不会觉得流程麻烦，反而还可能愿意主动配合提供信息。

其次，在设置了用户账户体系后，更有利于游戏公司履行其个人信息保护义务，特别是账户体系中可以嵌入的数据主体权利响应流程，有助于减少人工介入的成本。此外，有了账户体系后，可以主动提示用户有问题欢迎联系公司客服来解决，这样一来或有助于减少用户因为有问题联系无门，动辄就上升到投诉和举报的程度。

当然，说到这里，还只是从易于合规、降低成本和便利用户三个角度来看待设置用户账户体系一事，从公司决策角度仍然可能会觉得动力欠缺，在这种情况下还有没有其他驱动因素让公司更愿意考虑建立账户体系呢？

答案是肯定的，我们还可以从用户信息后续的商业化来考虑这件事的收益。随着游戏的推广愈加成功，用户量也会随之增加，当用户量达到一个量级后，这些用户就会围绕游戏生态形成一个用户社区，基于用户社区打造更丰富的内容和生态，被视为是游戏企业未来长期发展的有力支撑。如果成功建立起用户社区生态，所获得的不仅是额外的广告收入和周边衍生商品的商业模式变现，更有可能打开与其他平台的跨行业合作，这种合作所带来的收益更富想象空间。在实践中，我们观察到这种合作模式的尝试越来越多，其中既有平台参与的合作，也有行业垂直纵深的合作尝试，这种双赢的合作无疑对双方都具有吸引力。

10.6　游戏 App 的广告推送带来的“误伤”——无解的棘手难题？

这是一个棘手的问题。正如上面所说，由于游戏 App 是免费使用，需要通过广告收益来维持游戏运营，同时用户也无须注册，所以对于用户的画像和广告控制其实是广告平台生态系统中基于各种标签的拼凑和推断，这种情况下给用户推送的广告类型就难免会出现误差。例如，通过标签误以为屏幕后的儿童用户是一名成年人，然后按照画像结果推送各种广告。

面对这个问题，有时候我们会容易以过于简化的方式思考解决方案。例如，我们可能会建议在游戏 App 中加入拒绝精准推送的功能，让用户能够自行关闭广告推送，就不会发生向儿童用户推荐类型不恰当的广告而被投诉了。我们可能还会想到，在用户玩游戏之前弹出隐私政策，让用户明确勾选同意接受广告推送。

这时候我们要小心分析，这种过于简化的方案未必能够解决以上案例中公司的需求。以上案例的一个重要事实是，游戏本来不收费，需要用广告收益来维持游戏的开发和运营，而用户可以通过付费进入无广告模式，所以从业务逻辑的根本上，如果把拒绝推送广告的选择权都给用户，那业务模式的根本逻辑就会发生改变，公司的开发部门未必倾向这种调整。从另外一方面来看，用户可以免费享受到公司开发的高质量游戏，公司可能不会希望使用同意来作为收集用户信息的法律基础，相反公司可能会依赖正当利益这一基础，在这种情况下无须用户同意。通过弹窗的方式等于是以同意作为法律基础收集和使用用户信息，那公司业务部门的顾虑是如果大部分用户都直觉式的不勾选，那业务逻辑可能又要被迫改变了。

有的建议可能会说，建立用户账户体系，形成更精准的用户标签就可以避免广告误伤的问题。我们也青睐这种解决方案，但是如果公司说建立用户账户体系需要时间，暂时不考虑，那有没有其他满意的解决方案呢？

在这种情况下，问题似乎又回到了看似无解的状态。我们不妨从另外一个角度来思考，游戏 App 在开发过程中会嵌入广告 SDK，用户标签的汇聚和广告推送正是由嵌入的广告 SDK 来操作。这些 SDK 对于用户来说是无感的，但是一旦出现广告推送不当的情况，难辞其咎的反而是 App 运营者。这里涉及的主要问题有两个：一是游戏 App 是否有义务管理好广告 SDK，确保广告 SDK 使用用户信息推送广告的合规；二是出现问题应该如何归责？这就回到了用户信息处理链条上对第三方行为管理的问题上。

从合规应对角度，游戏 App 应妥善管理嵌入的广告 SDK，避免发生同类问题。在这一方面，我们观察到较为知名的广告 SDK 已经准备完善的配置文档和隐私合规工具，尽可能便利游戏类 App 在集成时做到用户信息的合规保护。另外我们在实践中也看到越来越多的公司与 SDK 供应商签署开发者协议，就一系列用户信息保护问题作出更为详细的约定，尤其是就如何响应数据主体权利更为清晰地厘清各自权责。这些都是很好的隐私保护实践，值得大力推广。但是从另一方面来看，线上广告推送活动是一个复杂的生态，各类主体之间的互动以及对用户标签聚合和交换的体量巨大，仍然有不少用户个人信息的保护问题需要持续探索能让各方满意的解决方案，其中有一些难题尚未有解决方案。作为这一小结的结尾，我们再抛出一个难题，如果游戏 App 集成的是聚合类广告 SDK，那应该采取哪些措施确保用户的个人信息保护合规呢？

10.7　小结

虽然这一章的问题探讨都是基于同一个假设案例引申而出，但是由此带出的儿童个人信息保护、年龄认证、账户管理以及广告营销问题，对于各种业务场景具有普遍适用性，且在实践中经常遇到。当这些问题与儿童权益保护产生交集时，如何制订行之有效的合规计划非常考验综合能力。通过分析可以看出，全球各国在儿童个人信息保护领域的监管逻辑也在逐渐发生变化，机械地套用和运用法律条文已无法应对动态而多变的规则。我们的体会是面对类似问题，必须基于广泛的实证经验来制定合规应对，只有这样才能将合规与业务融合起来，做到合规赋能业务发展。

11.智能电子产品出海的数据合规之路

11.1 从 2016 年的项目说起

欧盟 GDPR 于 2018 年 5 月 25 日正式生效，这里我们从 2016 年的项目说起，这是因为欧盟 GDPR 于 2016 年 4 月通过后到生效前，有两年的准备过渡期，中国各行业的部分头部企业对于 GDPR 的合规应对准备，是在 2016 年底就开始了。据我们了解，个别头部企业的应对准备工作做得非常扎实，不仅在自身层面做好了充分准备，还在供应链管理方面要求供应商开始填写 GDPR 评估问卷，有的甚至做到了二级、三级供应商层面的 GDPR 合规审查，其前瞻程度和执行力让我们也深感佩服。

不过回顾当时的情况，大部分企业对于这个新法还是心里没底，一是如此严苛的罚则，一旦严格执法，基于全球营收比例的罚款金额，估计一下子会把很多年的利润都罚没了；二是在怎么应对方面，没有太多先例可循。虽然都说 GDPR 可以视为是前身 95/46 号指令的沿革与发展，但是不能理解为可以继续对 95/46 号指令的理解来指导 GDPR 的合规工作。

作为最早出海的行业之一，身处消费电子产品[①]行业的中国企业，已从早期的产品销售转向了品牌出海的战略，因此对于消费者数据保护问题越加重视，如智能摄像头、儿童手表、扫地机器人、家居安防系统等产品的品牌方。

当时有这个行业的企业找到我们，提出 GDPR 服务需求，主要有两大类：第一是培训，通过培训让公司内部了解 GDPR 的规定，凝聚合规共识；第二是制订和实施合规计划。

我们收到服务需求后就立即联系了欧洲的合作律所准备了服务方案。在准备

① 包括小家电。

方案时，欧洲律师按照他们的惯例，默认都是要开展 GDPR 全面合规计划，设计的服务内容都是类似下表的内容。

序号	标题	工作描述	时间安排
1	项目团队	律所介绍将负责项目交付的团队；公司提供内部负责管理该项目的人员名单及联系方式 确认项目经理并召开启动会议 公司考虑相关利益相关方：DPO（数据保护官）、CISO（首席信息安全官）、法务、审计、人力资源及业务运营等 律所与公司建立定期会议或电话沟通机制 律所确保工作进度，跟踪问题及成果交付进展 律所将分发 GDPR 合规的“关键问题”清单	第 1 个月
2	高层简报	律所向公司提供高层管理简报文件，以“商业语言”解读 GDPR	第 1—2 个月
3	范围界定 / 关键问题核查	律所和公司共同确认需评估合规性的业务领域（例如：组织层面和产品终端等）	第 2—3 个月
4	IT/ 技术数据梳理	律所与 IT 团队对接（理想对象为熟悉全球与欧盟系统的相关人员），以了解并验证 IT 基础设施和数据流动情况	第 3 个月
5	现行政策与流程的“案头审查”	律所将提供所需政策和文件清单 律所审阅现有政策、流程、审计、培训及其他文件材料 确定高风险领域及需要优先访谈的关键人员	第 2—3 个月
6	关键人员访谈	律所将与每位关键人员进行现场访谈。访谈以问卷及律所提出的进一步补充问题为基础	第 3—4 个月
7	风险评估与差距分析报告	律所分析现有数据使用及流程，以及计划中的变更。识别与 GDPR 要求不符的情况。记录回应内容并识别问题与风险暴露点 律所准备包含差距分析和建议的报告（按优先级排序）	第 5—6 个月

续表

序号	标题	工作描述	时间安排
8	解决方案	律所起草或修订数据隐私政策、流程及模板文件。 公司在必要时与业务部门讨论上述内容并作出决策。	第6—7个月
9	实施	律所提供文件，并进行一次培训，以支持建议中的数据隐私治理框架/DPO机制，帮助公司按照GDPR履行数据保护责任，识别风险并解决可能出现的问题。 律所还将与公司开展一次“数据泄露桌面演练”，分享如何在公司涉及的欧洲司法辖区内应对数据泄露的最佳实践。	第7—8个月

由于当时中国企业对于GDPR合规项目的了解较为有限，考虑到这样一个全面合规方案涉及的资源投入和产出目标时，认为并不是太契合中国企业GDPR的服务需求。经过讨论后，有多家从事电子消费品制造的中国企业选择从产品侧入手开展GDPR合规工作。这种做法主要是以产品收集和处理的个人信息为主线，开展差距分析并实施整改措施，事实证明基于产品的GDPR合规策略的效果也相当不错。另外，有少数中国企业在当时开展的是全面GDPR合规的思路，部分企业规划的前瞻性和执行力也是令人印象深刻，有的企业在供应商个人信息合规的审核上已经做到了第二级甚至是第三级供应商，展现出了极高的合规意识。

11.2 极简的合规思路——什么信息都不收行不行？

第一批需要纳入合规范围的智能家居产品约为六款，在实施GDPR合规计划时其实是按照产品线/业务线合规的思路展开的。这项工作与传统的尽职调查业务相似，就是律师驻场对每一款产品开展尽调，了解销售模式以及收集和使用哪些数据，这个本质上是在做产品的数据映射图。整个过程主要是和IT和业务同事访谈，法务部门配合，六款产品前后一共用了一个月时间完成，过程相当顺利。

接下来在与各部门探讨合规方案时，受限于当时的经验和条文的理解，我们观察到，部分企业会容易落入两个方案的误区，这两个误区可以说是一左一右的两个极端思路。第一种思路是希望按照业务的想法尽可能多沉淀消费者数据，原因是觉得这类数据沉淀得越多，日后价值越高，这也反映了特定时期对于个人数据和法律条文理解的局限，现在大家都可以理解，在必要性原则的限制下，尽最大可能收集和沉淀消费者数据的方式已经行不通了。

与此相对的第二种应对方式，姑且称之为极简的合规思路，就是不确定能不能收的信息一律不收，这样就可以把 GDPR 项下的合规义务控制到最低程度。更有比较彻底的应对方式是，什么信息都不收集了，这样从源头规避 GDPR 的适用，肯定就没有合规风险了，这样各个部门和公司都很安全。

在个别项目中，有的产品的上市周期特别紧张，来不及对个人信息使用问题进行合规整改，这时候为了确保产品可以如期进行销售，会将收集个人信息的功能关闭，但是这只是一种权宜之计，并不是一种好的解决方案。主要原因是可以纳入智能家居设备的产品，不同的功能点都需要通过收集信息来实现，如果简单的以什么都不收集来规避 GDPR 的适用，会带来诸多负面后果，其中一种就是会影响产品的功能和竞争力。为了更具象化的说明，在下一节我们将以儿童电话手表为具体事例进行说明。

11.3　数据合规如何影响产品竞争力

在众多标有“智能”二字的产品中，儿童电话手表的销量表现似乎不错，不乏公司专门咨询这类产品的合规问题，我们正好用这款产品来说明数据合规如何影响产品的功能和竞争力。

儿童电话手表有多种功能，按照基础功能和附加功能粗略分类，通话、一键呼救、定位等可以视为是基础功能，那么远程拾音、内置短视频和浏览器应用等可以视为是附加功能，这些更加丰富的功能提升了产品对家长和儿童的吸引力。同时我们也看到，这些功能都需要用户信息来实现，这就导致了品牌方必须直面儿童用户信息保护问题。

试想一下，如果觉得 GDPR 项下的儿童信息保护问题棘手就暂不处理，就不能在产品上实现这么多丰富的功能。相反，如果竞品做了充分准备，投入资源做好儿童用户信息保护，效果就会直接体现在产品竞争力方面。

11.4 仅考虑 GDPR 还不够——基于儿童电话手表的案例探讨

正如其他任何一部法律一样，GDPR 并非一部独立的和割裂于其他法律的规定，按照 GDPR 开展合规工作时，也必须考虑与其他法律的衔接问题。这里为了便于说明，我们还是用对比的方法进行说明。我国《个保法》规定[②]了不满十四周岁未成年人个人信息的处理要求，《未成年人保护法》第五章[③]规定了未成年人的网络保护要求。此外，有关部门还制定颁布了《儿童个人信息网络保护规定》和防止未成年人沉迷网络游戏的规定。在开展合规工作时，必须结合具体场景综合考虑这些相关规定如何适用，而不能仅局限在《个保法》的条文。

类似的思路在出海时也同样适用。当儿童电话手表在欧盟多个成员国开展销售时，仅考虑 GDPR 关于儿童信息的规定还不够，必须同步考虑的是还有哪些儿童权益保护的规定可能与儿童电话手表的功能相关。

这里要带出的是，在讨论儿童电话手表在欧盟市场的数据合规方案时，除了考虑欧盟和成员国法律的要求，还应关注竞品的实践做法，这是因为已经有一定销量的竞品的功能设计，已对特定用户群体对产品功能的理解产生了习惯影响，而这些功能设计并不全是法律规定的义务。

为了讨论更加具体，还是从儿童电话手表品牌方咨询的问题切入。早期开展 GDPR 合规工作时的问题大多都是 GDPR 第 8 条第（1）款和第（2）款[④]的解释

---

②《个人信息保护法》第三十一条规定，个人信息处理者处理不满十四周岁未成年人个人信息的，应当取得未成年人的父母或者其他监护人的同意。

个人信息处理者处理不满十四周岁未成年人个人信息的，应当制定专门的个人信息处理规则。

③《未成年人保护法》第五章(第六十四条至第八十条)规定了关于未成年人的网络保护要求。

④ Article 8 of GDPR Conditions applicable to child’ s consent in relation to information society services

1. Where point (a)of Article 6(1)applies，in relation to the offer of information society services directly to a child, the processing of the personal data of a child shall be lawful where the child is at least 16 years old. Where the child is below the age of 16 years，such processing shall be lawful only if and to the extent that consent is given or authorised by the holder of parental responsibility over the child.

Member States may provide by law for a lower age for those purposes provided that such lower age is not below 13 years.

2. The controller shall make reasonable efforts to verify in such cases that consent is given or authorised by the holder of parental responsibility over the child，taking into consideration available technology.

3. Paragraph 1 shall not affect the general contract law of Member States such as the rules on the validity，formation or effect of a contract in relation to a child.

和应用，近期的问题关注点则包括 App 端的功能合规、儿童年龄验证机制以及竞品的实践做法。通过提问的指向，可以看出竞品对标分析在规划合规方案中的权重越来越高。

除了 GDPR 第 8 条关于儿童信息的处理要求，在欧盟市场销售儿童电话手表还应关注《视听媒体服务指令》(AVMSD) [⑤] 和欧盟成员国关于互联网设备家长控制的规定，如法国的《互联网访问设备家长控制法》第 2022-300 号法令 [⑥]。

另外，有的电商平台的入驻卖家已收到了关于“终端设备家长控制”品类的合规邮件，卖家需要证明商品符合该法律的规定和要求，实现互联网访问的家长控制功能。

为了保持思路的连贯性，暂不展开讨论《视听媒体服务指令》和法国的《互联网访问设备家长控制法》，我们还是聚焦在产品推出前的数据合规准备工作，如果现在希望在欧盟市场推出一款儿童电话手表产品，只是准备一份服务协议加上隐私政策是远远不够的。品牌方还需要考虑用户的年龄认证机制、产品激活后的管理以及家长控制机制模块等问题。这些问题都需要通过产品及其 App 与用户互动来实现功能，这也就意味着需要在产品功能设计时同步考虑这些问题。从另一方面来看，如果对产品的数据合规问题预判，也就可以同时符合隐私设计原则，看似抽象的隐私保护概念实现起来其实没有那么复杂。

为符合 GDPR、AVMSD 和《互联网访问设备家长控制法》的要求，在设置账户过程中不可避免会涉及儿童用户的年龄验证问题，这个问题可以细分为：(一) 验证哪个年龄段和 (二) 用哪种方式验证年龄。

需要对哪个年龄段进行验证，还是围绕着 GDPR 第 8 条展开，该条文引用如下：

“Where point (a) of Article 6 (1) applies, in relation to the offer of information society services directly to a child, the processing of the personal data of a child shall

⑤ 欧盟《视听媒体服务指令》全文请见Audiovisual Media Services Directive (AVMSD): https: //eur-lex.europa.eu/legal-content/EN/TXT/ ? uri=LEGISSUM: am0005。

⑥《互联网访问设备家长控制法》第2022-300号法令全文请见Loi du 2 mars 2022 visant à renforcer le contrôle parental sur les moyens d’ accès à internet: https: //www.legifrance.gouv.fr/jorf/id/JORFTEXT000046254262。

be lawful where the child is at least 16 years old. Where the child is below the age of 16 years, such processing shall be lawful only if and to the extent that consent is given or authorised by the holder of parental responsibility over the child.

Member States may provide by law for a lower age for those purposes provided that such lower age is not below 13 years."

对这个条文的解释有几点说明：

这一条规定将会替代欧盟成员国在 GDPR 生效前关于儿童信息使用和披露的规定[⑦]，但是在这个问题上 GDPR 也给成员国留有一定空间。

根据第 8 条的字面意思，儿童年满 16 岁才能够对于处理其个人信息的活动给出同意，处理不满 16 岁儿童的个人信息，应获得其监护人的同意。年满 16 岁的儿童自己可以给出同意。

欧盟成员国可以调整 16 岁这个门槛，但是最低不得低于 13 岁。从各欧盟成员国的国内立法来看，主要是 13 岁[⑧]、14 岁[⑨]和 16 岁[⑩]三种情形。这意味着如果达到规定的年龄，儿童自己可以给出同意；如果未达到规定的年龄，需要取得监护人的同意。

儿童电话手表在欧盟市场销售前，不同品牌是处理不同年龄段的问题？在对比过类似产品的隐私政策和用户交互页面后，我们观察到不同品牌[⑪]的处理方式也不完全相同，有的是以 13 岁为基准线，有的是以 18 岁为基准线。虽然年龄的基准线不同，但是从年龄验证机制和家长控制页面的功能看，我们认为都可以达到保护儿童信息的目的。这也再次证明，良好的隐私保护实践并不是一成不变的，不同的路径都可以实现同一目的。

---

⑦ 参见Minimum age requirements related to rights of the child in the EU：https://fra.europa.eu/en/publications-and-resources/data-and-maps/minag ？ dataSource=MINAG_en_65998&media=png&width=740&topic=group11&question=MINAG_DW02&plot=MAP&subset=NONE&subsetValue=NONE&answer=MINAG_DW02&year=2017。

⑧ the Czech Republic (draft law), Denmark (draft law), Ireland (draft law), Latvia (draft law), Poland (draft law), Spain (draft law), Sweden (draft law), the United Kingdom (law)..

⑨ 14 years：Austria (law), Italy (draft law)

⑩ Germany (law), Hungary (draft law), Lithuania (draft law), Luxembourg (draft law), the Netherlands (draft law), Slovakia (draft law).

⑪ 包括Fitbit Ace LTE、Kurio和Xplora等。

验证儿童年龄的方式[12]多种多样，法律并未作出强制规定，在验证时可考虑“现有技术”的现状，设置问题、家长同意、人脸识别、提交身份证明等都可作为验证儿童年龄的方法。主要的社交平台和电商平台都已嵌入年龄核实机制，具体请见 Online Age Verification Methods for Children 报告[13]的正文内容。

对比过几款儿童电话手表品牌的隐私设置后，我们观察到比较多的品牌是把家长控制机制功能嵌入与产品绑定的 App 中，并通过询问和提示家长进行操作，在完成年龄认证的同时提示家长完成对其子女账户的设置和管理。

由儿童电话手表延伸的另外一个问题是，如果生产了一款电子设备，成年人和儿童都能用，能不能采取一种默认不知情的方式对待儿童信息的处理问题。另外一种情形是在网站或应用界面的隐私政策中写一句“本服务不面向 18 岁以下人士”，但是不采取任何年龄认证机制。这样的做法在欧盟仍然行得通吗[14]？

这个问题并不能够通过简单的是或否来回答，不妨换一个角度来思考。欧盟关于儿童权利的政策导向近期广受关注，从政策导向和业内实践来看，如果一款产品（手机、平板、电话手表）成年人和儿童都有可能用到，就需要考虑儿童个人信息保护、内容访问和其他儿童权利的保护问题（如防止沉迷），仅以不确定儿童是否会使用而不采取措施，这种做法估计很难被监管机构和市场认可。

11.5 单个产品的利润不足以支撑合规预算怎么办?

这是在过去项目中遇到过的另一个问题，背景是一家公司有多个智能设备产品线，产品会销售到欧盟多个成员国，几个产品的特点都是支持用户通过下载 App 来查看和管理设备，所以同样面临 GDPR 合规问题。

在前期沟通时我们注意到一个信息，大致意思是公司要求每个产品线根据在

⑫ 例如Online age verification methods for children列举的信用卡验证、人脸识别、分析用户线上行为模式、线下验证等。Online Age Verification Methods for Children报告全文请见https：//www.europarl.europa.eu/RegData/etudes/ATAG/2023/739350/EPRS_ATA%282023%29739350_EN.pdf？ utm_source=chatgpt.com.

⑬ Online Age Verification Methods for Children报告全文请见https：//www.europarl.europa.eu/RegData/etudes/ATAG/2023/739350/EPRS_ATA%282023%29739350_EN.pdf？ utm_source=chatgpt.com。

⑭ 请见意大利数据保护监管机构(Garante)向中国人工智能模型DeepSeek问询的第6个问题，标题为未成年人数据保护(《GDPR》第8条)。

欧洲市场的营收和利润来确定 GDPR 的预算。

事后复盘来看，这种合规策略在效果上并不理想，究其原因，可以从两方面总结经验。第一是在实施 GDPR 合规方案时，有的工作是组织架构层面需要采取措施（如制定政策和委任 DPO），有的工作是从流程指引采取措施（如响应用户作为数据主体的权利），这里可以看到在实施时由公司统一调配资源更为合理。从单个产品线的角度来看，一是没有权限决定 DPO 委任这类事项，二是如何响应用户关于其个人数据的请求，同一套流程和同一个工具（如 DSR 管理工具）可以适用于多个产品，由各个产品线自行采购，会造成资源重复投入。

第二，是在开展 GDPR 合规过程中各部门分工与协作的问题。这个还是从一个项目说起，公司说产品出海销售时，负责部门都要考核 KPI，业务考核销售业绩，法务考核产品销售的风险把控。这种分工在过程中也遇到了一些问题，比较突出的是业务和法务部门之间的张力。出于对风险的把控，法务部门容易进入一种底线思维和“防御”思考模式，如果对一个风险点无法得到确切答案，那就暂时不要动。这时业务的考虑是如果什么都要完全确定才能做，那产品就没法卖了。我们认为，这时候需要解决的问题已经不是 GDPR 合规的专业和技术方面的问题了，需要公司从部门间的协作切入，才能理顺各方关系。

这种以单个产品利润来支撑合规工作的做法，弊大于利，效果并不理想。不过话又说回来，这个问题也不是什么大事，公司只需要智慧决策、合理调配预算和人力资源，再加上部门之间的合理分工与协作，是完全可以解决的。

11.6 欧盟数据合规的下半场——欧盟《数据法》（Data Act）

如果说 GDPR 是欧盟数据合规的上半场，那欧盟《数据法》和多部与网络韧性有关的法案，可以说是欧盟数据合规的下半场。这些法案已不再局限于个人信息保护的监管，而是把范围扩大到了全部类型的数据和网络安全方面，这些加总起来是一套庞大复杂的规则体系，其条文复杂程度远超 GDPR 的规定。这部分规则的全貌梳理请参见本书附录的表格，这一小节中我们还是就几个重点问题展开初步讨论，更深度的全面解读我们会在后续的文章中逐步展开。

为什么说这一系列新规是中国企业出海欧盟的数据合规下半场？有三点主要原因，一是这些新规对中国企业出海欧盟而言意味着新的合规义务，这就意味着企业需要额外投入预算和资源；二是产品的设计与功能可能会受到影响；三是在数据共享的义务下，企业与其他第三方的数据交换和共享的行为会被重塑，这种重塑可能会影响产品和服务的提供方式。基于这些考虑可以看出，尤其是以欧盟《数据法》为代表的新规，是出海欧盟的企业必须重视的下一步工作。对于这些新法企业的反应速度是不一致的，有的企业已经开始了评估，而有的企业则会滞后一些，还在了解这些规定。

试举一例来说明欧盟《数据法》的应对考虑。假设有一家中国平板电脑生产企业将产品销售至欧盟各成员国，在《数据法》下需要评估的问题包括产品是否会落入联网产品（connected product）和相关服务（related service）的定义？如符合前述定义，哪些数据需要与用户共享？设备基本配置信息、负一屏推荐应用、预装 App、网络连接数据、浏览网页和播放多媒体文件内容等是否都需要进行共享吗？

在评估过程中，企业也会发现条文的表述相当模糊，在实践中尚没有清晰的界定方法，这时候如何处理就比较考验企业的合规策略了。

11.7 小结

最后在结束讨论前，我们希望带出两个问题，其中一个问题是在交付合规方案时，有时会对交付成果作出限制，例如方案只考虑到了 GDPR 的要求，并未考虑成员国的其他有关规定。事后复盘来看，基于这个前提限制得出的分析和建议，起不到指导产品上市销售的作用，后续还需要补充分析。在这个问题上的理解局限还是存在，所以如果在实践中遇到，不妨主动提示企业，需要一并考虑 GDPR 的规定和其他有关的法律规定，以得出真正能指导产品上市销售的合规建议。

另一个时不时会遇到的问题是：预算有限加上时间紧迫，请律师务必按照法律要求，告诉业务团队在出海到某个国家时，最低限度要完成哪些数据合规措施就可以，剩下的日后再说。

有的企业可能会问，这个真的就代表未来的监管趋势吗？我们能不能等更多国家制定法律规定之后再采取行动？

这里再展开讨论一下规则导向和原则导向的数据合规思路，需要说明的是规则导向和原则导向是为了方便讨论而使用，不指向特定的定义和理论。在本小结中，规则导向是指按照法律规定的要求开展合规，更多是指向“是什么”的问题。例如，收集用户信息需要有隐私政策，那我们就准备一份隐私政策。原则导向是指除了了解法律规定，更多还要思考“为什么”以及有没有其他方案的问题。例如，在将国外子公司的用户信息回传至中国境内服务器进行存储需要签署标准协议，按照原则导向的思路，并不急于签署标准协议，而是会思考子公司所在国的个人信息出境监管政策希望达到什么目的，监管机构在个人信息出境的态度是怎样的，以及这个国家的产业政策在中长期是否鼓励个人信息出境等问题。

在实践中，虽然大部分工作还是按照规则导向的思路在开展，但是不能忽略原则导向思维可能起到的作用，有时候这个作用会是关键的、统领全局的。如何理解这个问题，我们还是从一个假设情形开始。

假设 A 国是新兴经济体，人口基数大，是中国企业出海投资开展电商业务和金融科技服务的热门地点。A 国制定了个人信息保护法，同时有特定情形下数据需要本地化存储的要求。在金融行业的规定中可以找到个人金融信息出境的限制规定。此外，A 国也表明希望大力发展电子商务和金融科技作为重点产业，希望更多的外国投资者把资本、技术和人才留在国内，助力有关产业的数字化发展。

假设一家中国企业到 A 国投资金融科技服务，希望把在 A 国收集的个人金融信息回传到中国境内存储和处理，这时候如何用规则导向和原则导向的数据合规思路评估下一步动作？

用规则导向的思路进行分析，企业会问的问题包括：A 国对于个人金融信息出境有哪些路径，是否需要签协议，是否需要审批，如果有可以出境的路径，那就按照难易度走流程就可以。

另外，用原则导向的思路进行分析，可能会问的问题角度就不一样了。企业可能会问，A 国各种规定和产业政策所释放的信号，实质上是想促进 A 国个人金融信息出境还是留在 A 国，如果未来 A 国的政策导向是引导将更多数据留在 A 国，用于发展 A 国的金融科技产业，那企业非要去走出境的这一条路，即使最后走通了，过程中花费的成本、人力以及与 A 国监管机构沟通的难度，还有过程中面临的各种不确定性。这时候需要综合考虑这些因素，从企业数据战略的角度思考，回传 A 国的个人金融信息所付出的努力与希望达到的商业目标真的匹配吗？除回传之外，本地化部署和部分信息回传的方案相比较，各有哪些优劣？

在这方面，我们听到过一个颇有洞察力的观点，大意是在开展全球运营过程中，作为企业当然会了解当地关于数据跨境传输的法律规定，但是法律规定本身只是数据传输架构的决策因素之一，更为重要的是企业如何实现自身的数据战略目标。在讨论中我们听到过这样一种观点，深表赞同，特总结如下作为本章的结尾：企业不会仅因为当地法律没有限制就展开个人信息跨境传输，也不会因为有限制规定就放弃自身的数据融合规划，这些都需要与自身的目标和需要付出的成本与展业效率之间进行平衡后决策。

12.数智化医疗企业出海的数据合规观察——基于医学影像和定制化医疗器械公司的实践

世界卫生组织指出，在全球老龄化加剧的趋势下，所有国家都面临重大挑战，在面临的诸多挑战中，医疗资源和医疗专业人士的缺口愈加显得突出。在这一背景下，人工智能技术驱动的数智化医疗解决方案，被视为是有效解决医疗资源"瓶颈"的方案之一，因此受到了广泛关注。

作为医疗器械行业中最大的细分板块，医学影像行业在近年来迎来了快速发展机遇期，除了传统医学影像三巨头 GPS（GE 医疗、飞利浦医疗、西门子医疗）持续深耕创新，中国企业在技术变革和生态服务模式方面的创新，有望在这一领域后来居上，在全球市场的技术变革中贡献中国方案。

数智化医疗企业出海是近年来中国企业"走出去"的另一个成功典范，这一章我们选取医学影像公司出海和定制化医疗器械公司在美国《健康保险可携性和责任法案》（HIPAA）[①] 项下的数据合规案例展开探讨几个常见问题。

12.1 PIA 中常见的争论问题——DICOM 标准医学影像是否属于个人信息？

在医学影像信息的获取和交换过程中，医疗机构和医学影像企业都会进行隐私影响评估（PIA），PIA 的重点之一就是符合 DICOM 标准的医学影像是否属于个人信息。这个问题讨论的背后逻辑与汽车行业讨论 VIN 码是否属于个人信息类似，因为是否满足个人信息的定义直接决定是否适用个人信息保护相关的法律规定。

① 美国《健康保险可携性和责任法案》全文请见Health Insurance Portability and Accountability Act of 1996：https://www.congress.gov/104/plaws/publ191/PLAW-104publ191.pdf。

涉及 DICOM 标准的医学影像是否属于个人信息在多个场景中都涉及。例如，医学影像企业与医疗机构开展科研合作项目，医学影像企业的 IPO 项目，以及医学影像企业在医院部署服务等场景。在各场景中大家对于 DICOM 标准的医学影像是否构成个人信息问题，意见并不统一，有的说属于个人信息，有的说不属于个人信息，还有的意见模棱两可。这种理解的不一致不利于高效签约推进项目，因此有必要厘清这个问题。

我们首先从 DICOM 的定义入手，DICOM 全称是指医学数字成像和通信②的国际标准（ISO 12052）。根据 DICOM 官网的介绍③，符合 DICOM 格式的医学数据影像可用于临床使用，是全球最为广泛使用的健康信息标准之一，从心血管成像到放射诊疗诊断设备，再到眼科和牙科的医学影像，都随处可见 DICOM 标准的广泛使用。

通过以上 DICOM 官网的介绍，可以了解到 DICOM 格式的医学影像不仅是图片像素，在被用于筛查、诊断和治疗的过程中，这些医学影像还会伴随着有意义的元数据，如患者身份信息、医生指令、工作流程前后之间的关系等。

在了解到 DICOM 标准的制定背景后，DICOM 格式的医学影像是否属于个人信息的问题分析思路也就比较清晰了。DICOM 本身是一种医学影像存储和传输的格式标准，这一标准所指向的医学影像本身和其元数据，如果可以结合起来识别特定患者身份，则会构成个人信息。如果仅是医学影像本身，则需要根据涉及的个人信息保护法规则进行判断，是否有可能结合接收方的已有信息或可能获取的信息，将医学影像与个人信息识别列进行匹配，从而还原识别特定患者身份，如果无法识别特定患者身份，医学影像本身则不构成个人信息。

以上的分析方法在大部分涉及 DICOM 医学影像的 PIA 中，都能够比较有效地指导隐私影响的评估工作，不过在实践中还是免不了会遇到比较棘手的问题，需要进一步深入分析。

这里举两个例子进行说明。第一个例子是有的医学影像公司的法务人员可能

② DICOM全称为ISO 12052：2017 Health informatics — Digital Imaging and Communications in Medicine (DICOM)including workflow and data management。

③ DICOM官网介绍请见About DICOM：Overview：https：//www.dicomstandard.org/about-home。

会问到，我们能不能以匿名化为基础，主张从医疗机构获取的DICOM医学影像不属于患者个人信息，这里需要注意在医院诊疗过程中获取的医学影像，在后续处理过程中保持可溯源是一项基本原则，所以以匿名化为基础主张DICOM医学影像不属于患者个人信息，与可溯源原则不一致，所以需要注意不要误解了匿名化在医学影像场景的使用限制。

第二个例子是如果对DICOM医学影像的相关元数据进行脱敏处理，仅保留患者编号（PID）作为联系点，PID是否构成患者个人信息？这个问题还是要从医院角度和接收方角度分别来分析，对于医院而言，PID仍然构成患者个人信息，这个不难理解，原因是医院的病历系统与PID进行匹配后可以识别患者的身份；对于医学影像公司和数据标注公司而言，需要根据已知信息和可能获得的信息进行判断，我们倾向认为在大部分场景下脱敏后仅有PID和医学影像对这两类公司而言不构成患者个人信息，但有一些例外情形需要注意，这些情形主要集中在医学影像标注过程中的处理活动，这里暂不展开讨论。

12.2 全球布局下医学影像数据源的获取合规问题

如何对海量的原始医学影像数据进行清洗、标注并用于后续产品模型训练，是医学影像公司提升产品能力的一个重要环节。当一家医学影像公司在全球范围内获取医学影像数据时，就需要考虑数据源的合规问题，在这一章节我们就这个问题展开讨论一下。

在讨论数据源的合规问题时，稍微多说一点儿题外话，在医学影像公司刚出海拓展业务时，我们了解到有的公司为了简化合规应对，从外国医疗机构获取的医学影像数据并不会回传至中国境内，这些影像会由当地的团队在本地处理，这样做的主要考虑是为了避免数据跨境传输而可能带来的监管问题。后来大家逐渐意识到，这种权宜之计的做法对于建立和维护公司的医学影像数据库标注、入库和应用流程而言，并非最优效率利用资源的方式，其中的一个原因是公司不可能在每个地方都配置一套完整的数据标注团队和IT设施；另一个原因是从公司运营管理角度，将医学影像数据汇聚到区域的服务器节点或回传至中国境内大本营统一汇总，然后用于后续的标准、入库和产品开发方面，也是规划的一部分。

按照公司获取医学影像数据源的不同，有不同的分类方法。例如，可以按照提供医学影像的主体来进行区分，或者按照医学影像数据库的性质来区分。这里我们不做穷尽式的分类探讨，仅对常见的几种获取方式展开讨论一下。

第一类是从公开的医学影像数据集获取有关数据，这类数据集有的是聚焦肺部这样具体器官的 X 光图像，有的是比较笼统的 CT 医学图像，还有的是病理学数据集。从数据合规角度来看，大家普遍认为这类公开的医学影像数据集，属于已经脱敏后的数据，可能引发的合规风险较低。

第二类是公司在为医疗机构提供服务过程中获取到患者的医学影像，然后用于产品训练。公司是否能将这些医学影像用于产品训练和后续其他用途，很大程度取决于公司与医疗机构的合同约定，在这一点上可以看到不同公司有不同的做法。有的公司与医疗机构签署的合同较为完善，除了用于服务的目的，医疗机构同意公司可把脱敏后的医学影像用于科研或改善产品的目的。除此之外，这些体例完备的合同也对其他相关事项作出了约定。例如，医学影像如何脱敏处理，如何拷贝和签收，以及后续是否可以传输至其他国家服务器进行存储，有的还附上了医学伦理委员会审核同意的证明。我们还观察到，有的做得更为完备的公司，对如何从医疗机构拷贝医学影像，以及如何确保医学影像整个处理周期都是安全与合规的，制定了操作规范。

通过观察这些合同的详细程度和操作规范，可以看出这些公司在海外拓展业务的前期准备充足，商务目标明确，执行力强，是十分值得借鉴与参考的良好合规实践。

作为对比，部分公司在海外开展业务过程中获取医学影像的做法，还是沿用着“重业务、轻合规”的思维惯式，这主要体现为在海外拓展业务时，对于业绩和效率的考虑权重远大于合规，导致在执行过程中有意或无意的省略部分数据合规问题。不过需要认识到，正是这种“省事的”处理方式在无形中却为公司的数据源埋下了地雷。这种风险值得警惕和重视，因为风险一旦实质化，轻则造成数据库污染，重则可导致监管调查处罚，甚至背上非法获取患者医疗健康数据的污名。

接下来我们举几个例子来说明医学影像公司从海外医疗机构获取医学影像数

据时容易忽略的数据合规问题。第一种情形，可能也是最高频的问题之一，通常是业务人员在商务合作谈判时，有时候会提出不要向医疗机构提太多要求，合同条款不要过于细致，这里面的主要考虑可以理解，一是担心合同签不下来，二是担心如果合同条款过于细致，会拖慢签约效率。根据我们在不止一家医学影像公司的业务场景的观察可以得出，商务安排与合同条款的多少并不必然与业务效率成正比关系。如果商业目标清晰，合同条款安排合理，即使在把细节都涵盖的情况下，双方仍然可以高效签约合作。

第二种情形与第一个略有不同，第二种情形是医学影像公司意识到需要与医疗机构签好协议，这样医学影像的数据源头问题才可以解决，但是在如何设计合同条款时，缺乏足够经验和谈判技巧，导致一些合理的诉求谈不下来。这个问题我们认为并非实质问题，是可以有效解决的。

第三种情形是商务层面达成共识了，协议也签得非常完善，但是在具体获取和处理医学影像的操作流程上存在一些问题。这些问题包括如何设计医学影像拷贝流程，医院提供之前是否脱敏，公司拿到医学影像数据后是进行一次清洗还是两次清洗，以及如果意外发现有的影像包含患者隐私信息，应该如何处理。这类问题可以概括为医学影像处理流程的操作规范问题，只要公司内部制定操作指引，对多发问题提供好应对培训，完全可以做到防范风险于未然。

此外，还有一种情况是在与医疗机构没有约定或约定不明的情况下，所在国关于医学影像尚未有立法规定，执法机构对这方面也没有频繁的执法行动，有的做法是基于侥幸心理，把医学影像都跨境传输到第三国的服务器上统一存储和处理。这种做法并不理想，一旦出现监管调查，风险有可能瞬间实质化。

以上种种问题，说到底本质还是业务开展与合规之间的张力如何平衡的问题，越来越多出海医学影像公司的成功实践证明，两者并非选择题，是完全可以兼容共存的。

12.3　医学影像获取协议中的条款设置观察

这一小节是关于医学影像获取问题的延伸讨论。我们把焦点放在协议的签约主体和几个要点条款的设置观察上。

在实际业务场景中，医学影像公司除了从医疗机构获取医学影像，还可能与其他类型的机构签署相关协议，这些机构包括医学影像设备制造商、为临床研究提供监管和伦理审查服务的公司以及一般类型的代理商。在签署的协议类型方面，与医疗机构一般会签署服务协议，与其他类型的主体签署的协议可能包括科研协议、合作协议和代理协议。

我们在对比研究了部分在中国、美国和欧洲诸国签署的协议后，观察到虽然主体和协议类型都有所不同，但是其中涉及的与数据问题有关的条款安排，还是可以看出变化趋势和处理细节。

从合同安排的细致程度来看，与不同代理签署的文本差异较大，有的可以说是相当简化，读起来有种语焉不详的感觉，这类协议对双方的保护都不足，存在较大风险。相比之下，与医疗机构、医学影像设备制造商以及为临床研究提供监管和伦理审查服务的公司的文本非常完善和细致，有的协议附录涵盖了阅片培训、质量要求和数据转移约定。

由于全球数据监管版图在过去几年快速演变，从这一角度可以观察到协议中的条款也在随着法律规定在同时演变。早年出海时签署的这类协议，在处理医学影像数据问题时，大多是通过保密义务、信息系统安全和知识产权保护这三类条款进行约定，但是随着数据监管规则的变迁，仅靠这三类条款不足以有效清晰地厘清双方在合作过程中的权利义务。在近期签署的协议中，可以看到在上述条款的基础上，合同双方还对个人信息保护、数据主体权利的实现、数据安全、跨境传输、衍生数据的权利归属等问题作出了约定。这里所说的新增约定并非仅是新增一个标准合同条款，而是需要结合医学影像行业的实践，对涉及双方权利义务的问题进一步细化。例如，知识产权条款如何与医学影像衍生数据进行衔接，以及借助 AI 技术和不借助 AI 技术阅片的约定。

总的来说，这类合同既有一般协议的通用类型条款，也包含反映了医学影像行业特点的条款安排，且条款的约定随着业务实践呈现出动态变化的趋势。此外，可以观察到部分医学影像企业出海时在对待合同条款的谈判的争取问题上，也存在“重业务、轻合规”的做法。出现这种现象的原因可能有两种：一是觉得合同条款的细节沟通可能会拖慢签约和业务开展流程；二是对关于各国的数据新规尚不掌握，在全球拓展业务的节奏下又来不及系统学习研究，导致在谈判时无从入手。对于这一点我们在协助谈判合同条款时深有体会，某企业的法务人员多次重申希望按照当地法律争取公司享有的数据权益，同时又无法具体界定这种模糊的数据权益的外延，导致谈判进程受阻。

不过话又说回来，我们观察到整体上医学影像企业在出海过程中的学习和调整能力非常强，在经过阶段性的适应过程后，对于如何处理合同中涉及数据权利义务的条款必然能够做到游刃有余。

12.4 医学影像数据的资产化设想

在这一小节我们从数据资产化的角度继续探讨在全球范围收集医学影像数据的后续应用。关于如何操作数据资产入表的实务文章已经非常丰富[④]，也有专业质量非常优秀的专著[⑤]，这里我们不再重复讨论。关于医学影像数据资产化的设想，我们希望聚焦在几个细分问题上。

首先，中国医学影像企业在全球范围内收集的医学影像数据，在符合数据资产入表条件的前提下，原则上也是可以进行入表操作。这个问题在实务探讨时，可能会引发不同的意见，但是从数据资产入表的规定来看，中国境外的医学影像数据，在符合来源合规、成本可计量以及具有经济价值的前提下，从法律可行性方面尚未看到入表有障碍。

其次，在讨论中也有观点想到了并不是每个国家都有类似中国“数据二十条”的政策，实际上绝大部分国家也没有立法界定数据的所有权问题，主流做法还是把规则集中在个人信息的保护和规制上，在所有权无法确定的情况下不同样会造成入表障碍吗？经过初步实践，我们倾向的观点是，全球不同国家关于数据所有权界定规则不明的前提下，不必然影响确权的判断，其中的突破口包括了如何从财产权利入手界定，以及如何从衍生权利入手进行界定，不过比较可惜的

④ 例如上海数据交易所发布的《数据资产入表及估值实践与操作指南》，具体内容请见https：//mp.weixin.qq.com/s/5mhsslwVQV81aDeYJQsLEA。

⑤ 陈福.数据资产入表于资本化[M].北京：知识产权出版社，2024.

是，在合同谈判过程中大家普遍重视安全与合规条款的商定，有时候忽略了把合同条款同时作为确权的有力抓手，继而导致日后医学影像数据资产化过程中的确权困难。

再次，在讨论中也有人提出过全球各国对于医学影像数据（可以再分为包含患者个人信息的数据集与不包括患者个人信息的数据集）在跨境传输的规则不同，有的国家有限制性规定，那在这种情况下如何把各国的医学影像数据集都汇总到中国境内的服务器上？这个问题其实也是可以通过合理设计全球服务器位置，再结合数据跨境传输方案来解决，而且类似的成功实践不仅适用于医学影像类数据的传输，也同样适用于其他行业的数据传输。

讨论到这里，可以看到此前讨论中提出的一些疑惑问题都可以匹配相应的解决方案。最后，我们希望把焦点放在如何评价医学影像数据资产化的效果上，这也是在讨论过程中出现的高频问题，也是大家理解差异比较大的一个问题。曾经有的企业提出了关于数据资产化设想评价的困惑，提出的具体问题包括：数据资产化成功与否，要通过哪些指标来评价，数据资产登记算不算？是不是一定要做到数据资产入表的程度才算是满足资产化的标准？

这个确实是实践前沿问题，大家理解不一致很正常，我们认为，这一问题似乎无须急于寻求理解上的共识，不妨让各种观点兼容共存，通过多种指标来评价数据资产化的效果。这些指标既可以体现在企业内部的降本增效方面，也可以体现为数据资产入表后财务数据更加亮眼，还可以体现为通过数据资产质押获得银行授信。从另一方面来理解的话，如果通过数据资产化，使医学影像企业除了设备销售和提供服务这两项主营业务收入，还可以将医学影像数据的许可使用和后续利用产生作为新的一项主营业务收入，那就再理想不过了。

12.5 定制化医疗器械公司出海美国与 HIPPA 的适用

在全球拓展市场开展运营，是中国医疗器械企业成长的必由之路，美国作为全球器械市场之一，是中国医疗器械企业出海的热门地点。除了医学影像企业出海的成功案例，利用 3D 打印等数字化技术定制的医疗器械可以说是中国制造业出海的另一个数智化典范，其中不乏市场调研公司看好这一领域未来的前景。在将定制化医疗器械出口至美国时，不论企业是否已在美国设立实体，都需要考虑美国法律适用的范围和程度，在这一小节我们来看看几个与健康保险可携性和责任法案（HIPPA）有关的问题。

此前我们对 HIPPA 的了解大多停留在规则的形式理解，后来在实践过程中对于 HIPPA 在中国企业出海出境中的适用情况有了深入的了解，同时对于其中的一些误区和问题有了重新认识。

这里举例来说明 HIPAA 规则和实操过程中的理解不一致问题。美国卫生与公共服务部（HHS）的网站上对于 HIPAA 适用范围的描述为[⑥]“根据法律，HIPAA 隐私规则只适用于涵盖实体（Covered Entities）[⑦]。”中国医疗器械企业在为美国用户提供定制化的医疗器械时，例如，假肢、矫形器、牙模等，往往是从美国的医疗机构接收到患者的信息和定制医疗器械的参数基础，然后进行定制后交付。从这一过程中可以看出，中国医疗器械企业并不属于涵盖实体，而是属于商业合作方或商业伙伴（Business Associates）。由于商业合作方也可能获取受保护健康信息，所以也需要判断其需要遵守 HIPAA 的程度。这里需要更准确地理解 HIPAA 规则的适用：第一是肯定不能误以为商业合作方无须适用 HIPAA 隐私规则。第二是商业合作方需要遵守 HIPAA 有关规则的一种可能是，商业合作方作为涵盖实体的委托方，而需要履行涵盖实体需要遵守的 HIPAA 规则，这个可以理解为是通过合同条款把合规义务转嫁到商业合作方身上。第三是商业合作方在未能遵守安全规则和数据安全事件报告等义务[⑧]时，将会负有直接责任，这一类义务属于法定义务，与前述合同义务的性质不同。

讨论至此，可以看到定制化医疗企业在出海美国时，可能会以商业合作方

---

⑥ 具体请见Health Information Privacy：https：//www.hhs.gov/hipaa/for-professionals/privacy/guidance/business-associates/index.html.

⑦ 即health plans，health care clearinghouses，and certain health care providers。健康计划、健康医疗信息处理者和特定类型的健康医疗服务提供者。

⑧ 参见健康信息技术促进经济和临床健康法案(HITECH)https：//www.ftc.gov/sites/default/files/documents/statutes/health-information-technology-hitech-provisions-american-recovery-and-reinvestment-act-2009-title/hitech-pub-l-111-5_0.pdf？ utm_source=chatgpt.com。

美国卫生与公共服务部民权办公室(OCR)2013年最终规则https：//www.govinfo.gov/content/pkg/FR-2013-01-25/pdf/2013-01073.pdf.。

身份向 HIPAA 涵盖实体设备提供医疗器械和有关服务。在这一情形下，涵盖实体会提出需要签署商业合作方协议（Business Associate Agreement），这份协议的约定一般都较为详细，除了会把涵盖实体和商业合作方的安全义务和隐私义务都列明，还会把涵盖实体所在州的隐私保护义务也进行约定，并约定商业合作方也需要遵守该州的隐私保护法律，所以这份协议可以说是糅合了联邦法律规定（HIPAA）和州隐私法律规定。在我们参与过的项目中，可以观察到并非每一家企业都熟悉 HIPAA 的法律规定。即使是已经在美国开展医疗器械业务有相当时间的企业，在如何谈判和应对商业合作方协议时，也存在不少疑问，我们会在这一章节后续的讨论中聚焦探讨几个高频问题。

12.6 容易混淆的受保护健康信息（PHI）的定义和范围

根据 HIPAA 的规定，涵盖实体和商业合作方使用、维护、存储和传输受保护健康信息（PHI），需要符合安全规则和隐私规则，这就意味着受保护健康信息是判断是否触发 HIPAA 管辖的其中一个定性因素。另外，在实务中可以观察到的有趣现象是，越是最基础的定义问题，在复杂的商业场景中越是令人难把握。在此前的商务谈判，我们就遇到过涵盖实体和商业合作方对交换的信息是否属于受保护健康信息产生了不同理解。此外，在日常咨询过程中，也经常会看到特定字段是否属于受保护健康信息的讨论。

在展开讨论前，我们先看几个容易混淆的问题，而这几个问题如果无法准确定性，那意味着是否适用 HIPAA 的结论就不扎实，更不用说后续双方投入人力和资源再继续符合 HIPAA 的合规要求。

这些问题包括：

（1）患者姓名和邮箱属于受保护健康信息吗？

（2）健康情况的描述，例如患有牙周炎、手臂骨折了、饮食不太规律等，是否属于受保护健康信息？

（3）美国公立学校的学生健康信息属于受保护健康信息吗？

（4）公司收集和处理的员工健康信息属于受保护健康信息吗？

（5）在 HIPPA 的规定下，对于个人健康信息匿名化的要求高吗？

我们先来梳理“受保护健康信息”的定义。根据 HIPPA 规定[⑨]，受保护健康信息包括可识别的个人健康信息，包括身体和心理健康状态、诊疗情况和诊疗支付信息。另外，与受保护健康信息相关的另外一个关键概念是特定数据集[⑩]（Designated Record Set）。对于这一概念，可以理解为如果其他信息与个人健康信息存在一个数据库中，其他信息也可以用于识别个人身份，那特定数据集也符合受保护健康信息的定义。

从以上定义可以看出，受保护健康信息不完全等于个人信息的定义，两者之间的关系既有重叠，也有区别。按照这一定义，我们再来审视以上五个问题，答案就会清晰得多了。

第一个问题，如果只有患者姓名和邮箱，而不包含任何关于患者健康情况的描述，构成了个人信息，但是不构成受保护健康信息。如果既有患者姓名和邮箱，也有关于患者健康情况的描述，就会构成受保护健康信息。

第二个问题，如果只有健康情况的描述而缺乏识别个人身份的信息，不构成受保护健康信息。

第三个问题，从构成要素上看，“美国公立学校的学生健康信息”符合受保护健康信息的定义，但是需要注意《家庭教育权和隐私权法案》（FERPA）把这类信息界定为学生教育记录的一部分。

第四个问题，部分作为劳动关系档案存储的员工健康信息不属于 HIPPA 的受保护健康信息，但是需要注意并非全部员工健康信息都是劳动关系档案的一部分，在符合特定条件时[⑪]，用人单位需要把员工劳动关系档案中的健康信息和健康计划信息分开存储，避免发生员工的受保护健康信息的问题泄露。

第五个问题，在 HIPPA 的语境下，在对受保护健康信息的识别字段进行脱敏后，只要涵盖实体无法通过脱敏后的剩余信息再识别患者身份，那去识别列后的信息的处理不再受 HIPPA 规制。对比 GDPR 来看，这一标准的要求似乎低于

⑨ Title 45 of the Code of Federal Regulations（45 C.F.R. § 160.103.）：https：//www.ecfr.gov/current/title-45/subtitle-A/subchapter-C/part-160/subpart-A/section-160.103 ？ utm_source=chatgpt.com.

⑩ 也有人翻译为“特定记录”，是指同一概念。

⑪ 如用人单位管理的自行资助的超过50名员工的健康计划。

GDPR 匿名化的要求。

通过以上问题可以看出，受保护健康信息的定义与外延直接决定了 HIPPA 的适用与否，所以在进行定性判断时务必需要精准识别，同时考虑美国其他法律规定关于特定类型数据如何定性的规定，不然根据错误定性的后续工作就可能真是“失之毫厘，谬之千里”了。

12.7 商业合作方协议的特点和谈判技巧

HIPPA 项下的义务类型可大致划分为安全规则、隐私规则和数据泄露事件报告义务。详细的规则介绍可参见美国卫生与公共服务部的网页。在这一小节我们还是关注中国医疗器械生产企业在与美国涵盖实体就商业合作方协议进行谈判时遇到过的实际问题。

商业合作方协议一般系由涵盖实体的律师准备，这份协议虽然是双方医疗器械销售和服务协议的附属协议，但也是相当详细的，有的商业合作方协议有十页左右。此前我们也提到过，这份协议的条款不仅反映了 HIPAA 规则的要求，也会反映涵盖实体所在州的隐私保护的法律要求。此外，这份协议在反映有关法律规定的同时，律师在起草时也会把涵盖实体希望由商业合作方履行的义务纳入其中。这三种义务的来源类型不同，当融合到同一份协议中，我们发现作为商业合作方在谈判时有时会有无从入手的感觉，尤其是哪些条款有谈判空间，有谈判空间的条款如何修改对方才会容易接受。

按照条款来源类型的不同，大致可分为两种思路来进行审阅和洽谈，如果条款内容是对 HIPPA 和州法律法定义务的转化，那通过谈判进行修改的空间确实不大，这时候只能从源头考虑能否排除这些法定义务的适用。例如，商业合作方反向给涵盖实体施加一项义务，要求其提供受保护健康信息前先把全部患者的身份识别字段脱敏，从而减轻商业合作方后续的合规义务。另外，如果可以识别出来特定条款反映的并非法定义务，而是对方希望由商业合作方承担额外义务，那这类条款的谈判空间就较大。

这样一种二分法的谈判思路在操作过程中的主要困难是，需要对类似协议的架构和条款较为熟悉，这样可以快速识别出来哪些条款属于法定，哪些条款属于约定。例如，希望施加给商业合作方的额外义务大概率会出现在数据安全事件报告条款中，可能体现为需要报告的事件范围超出法定定义，或者涵盖实体加入了对商业合作方非常宽泛的审计权利，这时候就需要快速识别出来这类条款存在谈判空间，从而加快签约进度。

12.8　HIPPA 数据安全事件的报告义务及其例外

HIPPA 项下的数据安全事件的报告义务及其例外情形比较有特点，在应对时除了参照本书关于一般类型数据安全事件的考虑因素，还应重点关注 HIPAA 的特别规定。关于特别规定我们谈几点粗浅的体会，一是 HIPPA 项下的数据安全事件定义本身包含多种例外情形，如果落入例外情形，并不构成 HIPPA 项下的数据安全事件。二是除了常见的通知个人和监管机构，如果数据安全事件造成受影响的人数在一个州超过 500 个人，还需要在知名媒体上发出公告。此外，如果安全事件涉及的受保护健康信息已经采取了安全措施，导致在泄露的情况下其仍然是不可用或不可解密的，也可能构成无须报告的情形。最后，HIPPA 还包括关于涵盖实体和商业合作方举证责任的规定。

由于这一章的侧重点还是在医疗健康数据，受限于篇幅就不再展开关于这些例外情形的规定解读，有兴趣的读者可自行参阅相关文章。

12.9　小结

中国数智化医疗企业出海聚焦高端产品和服务，通过在科研、技术、市场、产品和管理多渠道同时发力，已具备与国际知名企业同台竞技的实力，而良好的数据合规实践，既是整体数智化解决方案的组成部分，又是获取高端客户信任不可或缺的要素。

13.人工智能应用出海的数据合规问题初探

与人工智能（AI）技术相关的应用[①] 是另一个中国企业出海的热门话题。在这一浪潮下，这一章的内容本该是占比最大的一部分，但是最终我们把标题聚焦在“初探”，最后成章时本章的内容占比是最小的。这样处理主要是考虑到两大因素：一是关于中国企业开发的 AI 应用出海的文章题材类型丰富[②]，我们不再重复梳理这些观点，有兴趣的读者可以参见脚注；第二个更主要的原因是，在有机会较为深度参与的中国 AI 企业出海的项目中，对于很多数据合规问题和其他监管问题，各方仍然处于理解和尝试阶段。从合规策略到具体方案，其实还是处于边实施边学习边对照的状态，这些策略和方案是否成熟，是否可以经得起时间考验，还有待验证，所以对于 AI 应用和产品出海的数据合规策略，整体上我们认为还是应该采取谦抑观望的态度，所以这一章我们仅浅谈几个问题，更多的讨论会留在其他文章里展开讨论。

在展开讨论前，先说明这一章的讨论是基于面向企业端的 AI 应用为假设情景展开。中国的 AI 应用出海时，与其他行业出海一样，需要考虑出海的架构设计。架构方面主要有两方面的考虑，其中一条主线是创始人身份、投资主体和中间层控股主体如何设计；另外一条主线是出海版本的应用所依赖的底层模型如何选择的问题。这两条主线会很大程度决定需要适用的监管规则体系，包括 AI 监

① 参考谷歌大中华区营销洞察与解决方案副总裁张珺在2024年6月20日谷歌的Google Marketing Live大会上的观点。
一十。AI出海现状：产品输出凶猛，产业应用谨慎[EB/OL].腾讯网，钛媒体APP官方账号。(2024-07-02)[2025-05-04].https://news.qq.com/rain/a/20240704A08EMF00.

② KiKi.出海新兵：中国AI[EB/OL].硅基研究室微信公众号。(2024-04-03)[2025-05-03].https://mp.weixin.qq.com/s？__biz=Mzk0NTUzMzkxMg==&mid=2247486194&idx=1&sn=879b6e6fff139953bc81a16d3a8daf44&chksm=c312ac45f46525539acf917c1ed8ec173878d6957ee0d73cfab5acf3bf1ddd2e244d51dcd2ff&token=576032758&lang=zh_CN#rd.
一十。AI出海现状：产品输出凶猛，产业应用谨慎[EB/OL].腾讯网，钛媒体App官方账号。(2024-07-02)[2025-05-04].https://news.qq.com/rain/a/20240704A08EMF00.

管、数据安全、个人信息保护等规则的边界。需要注意的是，在 AI 应用出海过程中往往涉及两个或以上司法辖区，如何选择最适合的准据法和如何联动多司法辖区的工作，是一项重要工作。

首先，如何评价涉及的 AI 监管体系与数据监管规则的适用与衔接，是 AI 应用出海时必须重点评估的问题。欧盟已制定《人工智能法案》，其他国家是跟进还是观望，继续沿用现行有效的法律规则来监管 AI 应用可能带来的影响，从现阶段来看似乎后者会是各国倾向采用的选项。

其次，数据源和个人信息保护问题，一直是围绕 AI 应用出海的高频词汇。在实践过程中，我们的感觉是个人信息保护问题最终不会是实质问题，这方面已经有比较多的实践做法，通过不断对标与调整，最后可能会出现国际上普遍认可的实践做法。数据源问题有所不同，在讨论时有人提出过可参照规制爬虫技术的思路来处理大模型和 AI 应用的训练数据源。这个思路并非完全行不通，只是考虑到用于训练的数据源量，这一做法是否具有实际可行性，暂时不好说。另外在一些讨论中，有的 AI 应用公司对数据源并没有做全面记录，所以在后期进行梳理做合规评价时，导致回溯的时间成本极高。此外，还有一些应用在沟通数据源方面明显有顾虑，不愿意多谈，这些反应都可以理解，背后折射出来的考虑既有合规顾虑，也有商业保密需要。不论现状如何，训练数据源的合规评价始终是绕不过的一道坎，不论是大模型还是应用，或迟或早都需要开始解决这一问题。我们的建议是，既然必须做，不如就在应用设计伊始就把数据源评估纳入日程。

再次，在面向企业端的 AI 应用场景中，用户业务数据的数据安全与权属如何约定，并不是一个简单问题，这个在与金融、医药等强监管行业的企业用户进行商务谈判时，各方理解的不同相当明显。往细了说，这里面涉及的问题和条款细节很多，不过粗略来说，这些问题都可以被纳入数据安全和数据权属两个大标题。从我们参与的项目来看，如何处理这些问题远不是一个标准合同模板能够解决的，这要双方的业务、技术和法务人员都参与其中。

最后，保持沟通③是 AI 应用出海过程中的一项持续工作，持续沟通的必要性

③ 敖瑾.中国AI大模型密集“出海”[EB/OL].创投日报微信公众号。(2024-06-23)[2025-05-04]. https://mp.weixin.qq.com/s/0xV2AR6LSqfOOe2O8gV4qQ.

也是由 AI 技术日新月异的进程这一特征所决定的。持续沟通包括与监管机构、合作方、用户和机构内外的其他相关方，这项工作对于凝聚共识，形成多方协作至关重要。

AI 应用的研发与商业化是全球企业都关注的热点问题，AI 应用走向全球市场并非中国企业独有的拓展思路，其他国家的 AI 应用企业也在同步进军全球市场。近期在实践中也观察到一些有意思的实践做法，其中一个令我们印象深刻的案例是一家总部位于美国的 AI 应用企业，在全球多个国家推广其应用，由于涉及的行业供应链一大部分是在中国境内，美国公司主动联系，希望由我们共同参与和主导其全球合规工作，合规团队还包括来自不同领域和国家的其他专业人士。这一案例的不同之处在于，就以往的跨境投资项目而言，一般是哪个国家的公司就会找自己国家的机构作为主导方，但是在这一 AI 应用项目中，客户在团队构成层面已经率先融入全球化的思路，非常具有创意。

14.网络安全企业出海的挑战与应对

这一章的写作准备工作与其他章节有所不同，在准备这一章的内容时，我们与网络安全圈的同人进行了多次交流，并走访了网络安全公司，了解了网络安全行业的发展历程和现状。通过这些准备工作，不仅加深了我们对网络安全产品和服务的理解，还亲身体会到网络安全产品的研发和运营场景。另外也要特别感谢网络安全圈多位同仁为这一章的内容贡献了观点和事例，让我们能以更全面的视角了解网络安全公司出海的情况。

14.1　网络安全企业出海的考量因素

网络安全企业出海过程中，产品的安全性和数据合规性必须做好，这个自然不用多说。这一小节我们希望带出的是，网络安全企业出海需要考量的因素是多方面、多维度的。这些因素涉及网络安全企业出海开展业务的方方面面，稍有不慎就可能引发投资、运营与产品合规方面的潜在风险。

网络安全企业出海时，首要考虑的是投资架构的设计，这个在同时进军多国市场时显得尤为重要。如果要对设计投资架构的相关因素再进行细分，可以依次从股权控制、税务筹划、人员派遣与招聘和业务运营管理模式几方面进行考虑。试举一例便于讨论，假设一家网络安全企业通过前期市场开拓，在东盟和中东都取得了不俗的成绩，决定要进一步深耕这两个区域的市场，那就需要结合以上几方面来制定出海策略。首要考虑的是股权架构问题，由于不少网络安全产品可以远程交付，那是否需要在当地设立实体就是首先需要考虑的问题。接下来如果决定了要在当地设立实体，那是用中国母公司直接设立还是在中间层再设立一家控股公司，不同的架构设计需要结合税筹方案来进行对比。忽略税筹或者不合理的支付与分红路径，可能会导致归属于母公司的利润大幅下降。然后在人员配置方面也需要通盘考虑，特别是哪些人员需要从总部派遣，哪些需要在当地招聘。此外，中国境内外的运维如何分工，也需要提前规划。如果开发的产品和技术是专有技术，应该如何保护也应该在出海前就提前进行规划，这就涉及商标保护和产品授权许可的一系列问题。

除了以上考量因素，最后来看一下全球地缘政治格局的变化与影响，是如何影响中国网络安全企业的出海进程。在出海过程中，有的别有用心的机构和人士会对中国网络安全企业进行毫无依据的质疑。例如，有人会问到为什么有的监测报告声称很多网络攻击来自中国，有的会质疑中国网络安全企业的产品会不会保留技术后门。在访谈中，有的从业人员也提到过，有时候确实会遇到这种不负责任的言论，但是这种质疑并没能阻挡中国网络安全企业出海的步伐。在访谈中我们也了解到，中国网络安全企业选择以产品和技术实力来回应这些问题，伴随着整体产品的声誉度的提升，以及境外运营经验趋于成熟，这些质疑的声音也逐渐发生了转变。我们就了解到，有的企业在中东参展时，就有需求方表示更倾向与中国网络安全企业进行合作。

通过以上讨论可以看到，中国网络安全企业在全球范围内拓展市场，除了产品的功能和安全性，还需要进行通盘考虑从投资架构到日常运营的方方面面，才能够做到行稳致远。

14.2 网络安全与数据合规融合的趋势越发明显

不论是在网络安全产品和服务交付的角度，还是从数据合规实操的角度，网络安全与数据合规两个行业 / 专业的融合趋势越发明显。这在网络安全产品采购时已经成为一个必然会被问到的问题。甲方客户的用意不难理解，原因是如果采购了一项网络安全产品，那甲方客户肯定是希望这个产品的设计和功能已经符合当地的数据安全和隐私保护的法律，而不是完成采购之后，再花预算对产品的合规性进行评估。万一合规性评估未通过，还要二次调整后才能将产品部署到工作环境。从另一角度看，即使是甲方客户先从数据合规角度进行评估，得到了需要采购安全加固产品的合规建议，那这项建议还是需要通过一个工具来实现，不能只停留在书面建议上，这时候还是会回归到讨论应该采购哪种工具才能实现合“规＋安全”的目标。按照这一思路分析，安全与合规数据目标实现的载体最终会落到网络安全产品上，这就要求中国网络安全企业在研发产品时，就需要把隐私设计的原则嵌入产品功能之中。

在访谈过程中，已经可以观察到头部网络安全企业已经意识到这种融合的趋势，并已经提前部署，加大预算投入来实现产品的合规性。与此同时，部分网络安全企业仍然存在产品先行、合规后补的开发和迭代思路。需要特别提示的是，并非全部的合规问题都可以候补解决，一旦合规问题成为硬伤，在与竞品比较时就容易落入被动局面。

14.3 如何回应海外客户关于技术后门的质疑

这个问题的本质是信任机制的问题。虽然答案很清晰，根本无须质疑这个问题，但是如何采取具体的行动让海外客户信服，还是值得研究探讨，这也是这一小节希望讨论的内容。

通过与不同企业沟通交流的反馈来看，我们可以把如何打消这种质疑概括为“组合拳”的思路。顾名思义，“组合拳”的思路就是企业可考虑多种措施并举的打法，让海外客户在方方面面都打消这种疑虑。从另一角度来看，这种疑虑的根源还是信任问题，所以企业采取的每一种措施都应该是围绕如何建立品牌声誉在发力。一旦整体信任的生态建立起来了，那势必迎来新一轮的业务增长期。

接下来我们来看一下在出海过程中，不同的企业都是如何回应客户顾虑的。

有的企业采取技术透明化的措施来应对，包括确保从代码到架构的全链路透明交付模式以及使用第三方审计策略①。有的企业采取本地化运营的策略，不论是人员还是数据都保留在本地，确保可以全程溯源。有的企业采取内外双轨的合规体系，并将更多控制权赋能给用户②，从而建立信任。有的企业采取签署“禁止技术后门”协议，承诺如存在技术后门将会按照合同金额的倍数进行赔偿。有的企

① 包括代码库托管在第三方。

② 如支持客户自建密钥管理系统。

业采取的是客户参与式验证策略，允许客户指定的专家参与产品部署测试③。有的企业采用国际标准认证策略④，获取目标市场认可的权威安全认证，提高合规公信力。有的企业则是通过知名客户的认可来证明产品的安全性，曾经有欧洲技术人员表示，技术安全性超越地缘政治偏见，毫无疑问这是对中国网络安全企业产品最大的认可。

以上种种措施，都是"组合拳"中的组成部分，中国网络安全企业只要因时制宜，灵活运用这些措施，所谓的技术后门的质疑也就毫无立足之地了。

作为未来的展望，如果要构建更强有力的信任纽带，仅在产品方面做功夫还是不够的。这就对网络安全企业提出了更高的要求，需要从更广义的企业治理层面入手。例如，积极回应国外客户看重的企业治理价值追求，建立完善的数据合规体系，积极落实 ESG 涵盖的环境、社会和公司治理的价值体系，提升信息透明度，继而建立起让用户和相关方都信任的信任生态体系。

14.4 中国企业的 MDR 产品创新案例

这一小节我们将聚焦一个中国 MDR 产品创新的成功案例。案例虽小，但是充分展现了中国网络安全产品在更新迭代过程中敏锐的市场需求触觉，通过实际解决普遍存在的痛点问题，迅速获得各行业用户的青睐。

在网络安全威胁态势日渐严峻的情况下，企业受限于预算和人力资源，不可能敞口投入无限资源来应对安全威胁，这就会自然促使企业思考如何通过采购第三方服务来有效应对网络安全威胁。在这一背景下，MSS（Managed Security Service Provider，托管安全服务）和 MDR（Managed Detection and Response，托管检测与响应）就成为企业可选的方案。MSS 覆盖面广泛，但是对安全威胁的深度分析和处理仍需企业自行完成，相比之下，MDR 更侧重对安全威胁的响应和有效处置。两种服务既有相似之处，也有区别，企业可以按照自身的网络安全能力和需求进行选择。

③ 如黑盒渗透、流量监控。

④ 如ISO 27001，Common Criteria。

在进行访谈过程中，我们也注意到，当处于强监管行业（如金融行业）的企业采购 MDR 时，往往会有顾虑。这种顾虑主要来自强监管行业受限于诸多特别规定，如果采购 MDR 会不会等于是将安全能力的控制力全部外包给服务机构，这个外包服务的动作本身就需要评估风险。基于这一服务需求痛点，有的网络安全企业在传统的 MDR 产品上增加虚拟座席功能[⑤]，让客户对于 MDR 团队人员的操作全程记录，做到了全程可追溯。另外，在 MDR 的服务方案中，已经针对不同客户特点对于所需的解决方案进行了甄选。换言之，客户采购这些解决方案的成本已包含在 MDR 服务费用之中，切实为客户做到了降本增效。最后，MDR 服务方案也配备了法律合规专家，以解决安全事件应对过程中技术与法律割裂处理的问题。

14.5 小结

网络与数据安全的形势和态势复杂多变，从全球发生的各类型网络与数据安全事件来看，相信没有人敢说以一企之力或一国之力就能够单独应对多发态势的网络安全威胁[⑥]，而中国网络安全企业继续贯彻落实“走出去”的战略举措，将中国的“创新、协调、绿色、开放、共享”[⑦]的网络空间安全理念输出到全球，并将中国网络安全企业的技术和产品优势带到全球各国，与来自全球各地的网络安全企业展开沟通交流，互换经验，既是贯彻总体国家安全观[⑧]的有力举措，也可为中国企业出海提供可靠安全的网络安全解决方案。

⑤ 参见灵鸦MDR安全服务介绍：https：//www.spriteowl.com/.

⑥ GoUpSec.中国网络安全企业出海五大热点[EB/OL].(2023-09-04)[2025-05-04] https：//www.goupsec.com/news/14296.html.

⑦ 参见《国家网络空间安全战略》：https：//www.cac.gov.cn/2016-12/27/c_1120195926.htm？ from=timeline.

⑧ 佘晓晖.专家解读｜贯彻总体国家安全观 护航网络强国建设[EB/OL].中国网信网。(2025-03-28)[2025-05-04].https：//www.cac.gov.cn/2025-03/28/c_1744866206374020.htm.

15.结　语

站在 2025 年的节点回望，越来越多的中国企业出海已从“试水”走向“深潜”，也已从简单的产品出海发展到覆盖投资、产品、业务、技术、资金、数据等方方面面的“走出去”，甚至在某些前沿行业和领域，中国企业正在领航塑造国际商业规则。

在这种形势下，我们也看到，中国企业不可避免地要面对出海航道上瞬息万变的风浪，在不断变革的全球数据立法趋势下，并没有一劳永逸的合规避风港。因此，我们都需要踏着经验的前浪，掌好合规工作方法这个船舵，在实践中不断弥合规则、认知和现实之间的鸿沟，以更有预判的方式应对不断变化的合规挑战。

中国企业出海的全球数据合规实践仍在快速发展和更迭，与此同时，值得注意的是，中国企业在种种磨砺中也在不断加快出海的步伐，它们在产品服务、业务拓展、合规运营等方面的综合能力也在快速提高，因此也越来越有能力和魄力从容应对快速变化的全球合规工作。我们也有信心在此过程中助力中国企业在全球数据合规工作中锚定航向，继续为中国企业出海护航。

本书分享的实务经验反映了中国企业出海的现有实践，全球数据立法和合规实践仍在快速发展，此外，由于选题有所突出和侧重的原因，本书中没有对电子商务、消费品、直销、制造业、能源等行业的企业出海数据合规应对展开分享。这些后续变化发展和本次没有展开的内容，我们之后将会陆续通过专业文章、系列专著等形式进一步分享给读者。也欢迎各位读者就其中感兴趣的内容和我们讨论交流。

附　录

关于附录的说明

本书的附录是基于我们在日常实践和服务进行的梳理，既对本书正文的内容做一些具体的示例展示，也可以作为个人研究相关议题的起点和加速器。

附录 1：国际版隐私政策

在研究各国的个人数据保护法律时，我们发现虽然个别国家会对隐私政策起草有一些特别的要求①，但在 GDPR 溢出效应影响之下，各国关于在隐私政策需要说明的内容存在非常多的共性②，基于这些共性特点，企业可以就国际版官网或者 App 起草一份国际版隐私政策，响应各国个人数据保护法律对于公开透明和保障个人知情权的要求。

国际版隐私政策起草需要体现前面所说的共性的要求，对于具体细节可以通过保留灵活性的描述方式处理。

具体请参见以下国际版隐私政策的示例。

Privacy Policy

Effective Date：[DD/MM/YY]

[Insert the name of the data controller]（“we”）highly values your privacy. This privacy policy（the “Policy”）sets out how we collect，use and protect your personal data when you visit [Insert the web page address]（the “Website”）. If you use our products and services or interact with us through other channels，the respective terms

① 例如，泰国PDPA明确要求说明未提供个人数据可能产生的影响，越南PDPD要求列明处理的开始时间和结束时间，尼日利亚要求列明DPO的联系方式等。

② 例如，说明数据控制者的名称和联系方式，处理个人数据的目的、方式、范围，处理个人数据的法律基础，个人数据主体权利，数据存储期限等。

and privacy policies of those products and services will apply.

1.Who We Are

[Insert the name of the data controller], with its address at [insert the address of the data collector], is the entity which collects and processes your data under this Policy.

2.The Data We Collect about You

2.1 We collect both personal and non-personal data when you use the Website. Personal data means any information relating to an identified or identifiable natural person. An identifiable natural person is one who can be identified, directly or indirectly, in particular by reference to an identifier of that natural person.

2.2 We collect and use the following categories of data for the purposes stated below.

If you choose not to provide us with the personal data listed below, we will not be able to deliver the corresponding services.

No.	What we collect	How we use it
1.	[*] [Note: Please insert the category of the data collected]	[*] [Note: State the purpose for collecting such data]
2.	[*] [Note: Please insert the category of the data collected]	[*] [Note: State the purpose for collecting such data]

3.Sensitive Personal Data

3.1 Certain categories of personal data, such as details about your race or ethnicity, religious or philosophical beliefs and so on, are considered more sensitive than other categories of personal data in certain jurisdictions and require a higher level of protection.

3.2 The sensitivity of the same type of personal data may vary under the laws of different jurisdictions. If the personal data we collect is considered sensitive personal data in the country and region of where you reside, we will fulfill our obligation to protect it in accordance with applicable laws.

4.How Your Data is Collected and Processed

We may collect your data directly from you when you use the Website, when you provide us information via email or other means, or when you communicate and interact with us. We may also collect your data automatically through the Website when you use the Website.

We process your personal data through electronic and manual methods.

5.Legal Basis for Collection and Use of Personal Data

We only process your personal data where this is a legal basis permitted by the applicable law. The legal basis will depend on the context and purpose for which we collect and use your data, which may include:

(a) Consent: certain data will be collected when you have given us informed consent. You may withdraw your consent at any time but this will not affect the validity of the processing activities prior to the withdrawal.

(b) Contractual necessity: it is necessary for us to collect and process certain data to enable us to enter into a contract with you and perform our contractual obligations.

(c) Fulfilment of legal obligation: we may be required by the applicable law to collect and use your personal data to comply with our legal obligations.

(d) Legitimate interests: it is necessary for legitimate interests of us or third parties, except where such interests are overridden by your fundamental rights.

(e) Vital interest: it is necessary for protecting the vital interest of a data subject, for example, to protect one's life.

(f) Public interest: it is necessary for the performance of a task carried out in the public interest.

(g) Research and statistics: it is for the preparation of historical documents or archives for public interest, or for research or statistical purposes, provided that appropriate personal data protection measures are in place.

(h) Administration of justice: it is necessary for the administration of justice.

(i) Exercise of legal function: it is necessary for the exercise of any functions conferred on any person by or under any law.

(j) Other: we may also collect and use your personal data based on other legal bases under the applicable law.

6.Cookies

The Website uses cookies and similar technologies to deliver essential and additional functions. Please see our cookie policy [Insert the link to the cookies policy of the Websites.] for more information. You may also manage your cookie settings on the Website.

7.Third-party Links

The Website may include links to third-party websites, plug-ins and applications. Clicking on those links may allow you to visit websites, plug-ins and applications of third parties and how those third parties collect and use your personal data will be governed by their respective privacy policies.

8.Disclosure

8.1 We may disclose your personal data to our affiliates for the purposes stated in this Policy.

8.2 We may engage a data processor to process your personal data for the purposes of this Policy, in which case we will request the data processor to keep your personal data in strict confidence and only process your data to the extent it is necessary to perform its contractual or statutory obligations.

8.3 We may disclose your personal data to third parties to whom we may choose to sell, transfer or merge our business or our assets, in which case the new owner will assume all our rights and obligations in this Policy.

8.4 We may disclose your personal data for the purposes of national security, law enforcement, or public interests.

8.5 We may also disclose your personal data to other third parties where you have provided consent or when required or permitted by applicable law.

9.International Transfer of Data

9.1 We may choose to store your personal data on a local server or a server located in a foreign country depending upon the IT configurations of the Website, which may be adjusted from time to time due to regulatory requirements or our business needs.

9.2 If your personal data is stored on a server in a foreign country, we will take organizational and technical measures to keep your data secure and give your data a level of protection which is comparable to the level of protection required by the law of the country where you reside.

10.Data Retention

10.1 We will only retain your personal data for as long as necessary to fulfil the purposes set out in this Policy or as required by law.

10.2 Upon the expiration of the retention period, we will delete or anonymize your personal data.

11.Your Legal Rights

11.1 You may have certain legal rights in relation to processing of your personal data, which may include:

Access right: you may request access to your personal data in our possession.

Rectification right: you may request us to correct your personal data if it is inaccurate or incomplete.

Erasure right: you may request us to delete your personal data in certain circumstances.

Restriction right: you may request us to restrict how we process your personal data in certain circumstances.

Portability right: you may request us to help you transfer your personal data to other entities, or to give you a copy of it so that you can transmit it to a third party.

Withdrawal of consent: you may withdraw your consent at any time.

Right to opt out: you may opt out of the processing of your personal data for certain purposes, such as the sale of personal data and targeted advertising.

Right to non-discrimination: you have the right not to be subject to discriminatory treatment for exercising your rights under certain laws.

Right to object: you may object to the processing of your personal data in certain circumstances.

Right to complain: you have the right to complain to the competent supervisory authority.

Other data subject rights stated under the applicable law.

11.2 Depending on the country of where you reside, you may be entitled to one or more of the above rights.

11.3 If you wish to exercise any of these rights, please contact us at [Insert contact information].

11.4 The above rights may only apply in limited circumstances under the applicable law and if we decide not to respond to your claim for the above rights, we will explain the reason in writing. If you disagree with the decision, you have the right to report and lodge a complaint to the supervisory authority.

12.Children’s Data

The Website does not collect children’s data. If parents or legal guardians suspect that their children have provided us with personal data inadvertently, they may request such personal data be removed by contacting us at [Insert contact information].

13.Data Security

13.1 We are committed to keeping your personal data secure. We take appropriate organizational and technical measures in accordance with applicable laws to ensure that your personal data is adequately protected against unauthorized access, loss, alteration, and unlawful disclosure.

13.2 In the case that a data incident occurs, we will take immediate actions to contain its impact and investigate the cause of the incident. If we are required to notify you or any supervisory authority under the applicable law, we will notify the relevant parties pursuant to the requirements.

14.Changes to this Policy

This Policy may be changed from time to time and we will notify you of the updated Policy by posting it on the Website.

15.Contact Us

If you have any questions about this Policy, including any requests to exercise your legal rights, please contact us at [Insert contact information].

附录 2：个人数据主体权利对比研究示例

常见的研究不同国别对于个人信息主体权利的规定的思路可能会基于类型化研究，对比研究不同国家法律下个人分别有哪些权利。例如，欧盟有知情权、访问权、更正权、删除权、限制处理权、数据可携权、反对权、拒绝自动决策与分析等权利，越南有知情权、访问权、删除权、限制处理权、获取数据权、反对权等权利，其他国家有些什么权利。但是具体到实践中我们就会发现，这种类型化的对比缺乏关于权利的细节介绍，因而是不牢靠的。

我们用访问权（Access Right）来举例，这个权利大家都熟悉，我们研究的各国个人数据保护法中都规定了这一权利，按照前面的思路，研究到此为止，当有个人行使这一权利的时候给对方访问就可以了，但是访问的范围是什么？访问有无限制？访问的形式有无要求等这些问题各国其实并不完全一致，我们通过欧盟 GDPR、越南 PDPD 和新加坡 PDPA 关于访问权的规定来更直观地体会这一区别。

法律	规定
欧盟 GDPR	Art. 15 GDPR：Right of access by the data subject 1.The data subject shall have the right to obtain from the controller confirmation as to whether or not personal data concerning him or her are being processed，and，where that is the case，access to the personal data and the following information： （a） the purposes of the processing； （b） the categories of personal data concerned； （c） the recipients or categories of recipient to whom the personal data have been or will be disclosed，in particular recipients in third countries or international organisations； （d） where possible，the envisaged period for which the personal data will be stored，or，if not possible，the criteria used to determine that period； （e） the existence of the right to request from the controller rectification or erasure of personal data or restriction of processing of personal data concerning the data subject or to object to such processing； （f） the right to lodge a complaint with a supervisory authority； （g） where the personal data are not collected from the data subject，any available information as to their source； （h） the existence of automated decision-making，including profiling，referred to in Article 22（1）and（4）and，at least in those cases，meaningful information about the logic involved，as well as the significance and the envisaged consequences of such processing for the data subject. 2.Where personal data are transferred to a third country or to an international organisation，the data subject shall have the right to be informed of the appropriate safeguards pursuant to Article 46 relating to the transfer. 3.The controller shall provide a copy of the personal data undergoing processing. For any further copies requested by the data subject，the controller may charge a reasonable fee based on administrative costs. Where the data subject makes the request by electronic means，and unless otherwise requested by the data subject，the information shall be provided in a commonly used electronic form.

续表

法律	规定
欧盟 GDPR	4.The right to obtain a copy referred to in paragraph 3 shall not adversely affect the rights and freedoms of others. Art. 12（5）GDPR：Transparent information，communication and modalities for the exercise of the rights of the data subject 5.Information provided under Articles 13 and 14 and any communication and any actions taken under Articles 15 to 22 and 34 shall be provided free of charge. 2Where requests from a data subject are manifestly unfounded or excessive，in particular because of their repetitive character，the controller may either： （a）charge a reasonable fee taking into account the administrative costs of providing the information or communication or taking the action requested；or （b）refuse to act on the request. The controller shall bear the burden of demonstrating the manifestly unfounded or excessive character of the request. Art. 23（1）GDPR：Restrictions 1.Union or Member State law to which the data controller or processor is subject may restrict by way of a legislative measure the scope of the obligations and rights provided for in Articles 12 to 22 and Article 34，as well as Article 5 in so far as its provisions correspond to the rights and obligations provided for in Articles 12 to 22，when such a restriction respects the essence of the fundamental rights and freedoms and is a necessary and proportionate measure in a democratic society to safeguard： （c）national security； （d）defence； （e）public security； （f）the prevention，investigation，detection or prosecution of criminal offences or the execution of criminal penalties，including the safeguarding against and the prevention of threats to public security； （g）other important objectives of general public interest of the Union or of a Member State，in particular an important economic or financial interest of the Union or of a Member State，including monetary，budgetary and taxation matters，public health and social security； （h）the protection of judicial independence and judicial proceedings； （i）the prevention，investigation，detection and prosecution of breaches of ethics for regulated professions；

续表

法律	规定
欧盟 GDPR	(j)a monitoring, inspection or regulatory function connected, even occasionally, to the exercise of official authority in the cases referred to in points (a)to (e)and (g); (k) the protection of the data subject or the rights and freedoms of others; (l) the enforcement of civil law claims.
越南 PDPD	Art. 9 (3) PDPD: Right to access personal data③ The data subject has the right to access his/her personal data in order to look at, rectify or request rectification of his/her personal data, unless otherwise provided for by law.
新加坡 PDPA	Art. 21 PDPA: Access to personal data (1) Subject to subsections (2), (3) and (4), on request of an individual, an organisation must, as soon as reasonably possible, provide the individual with — (a) personal data about the individual that is in the possession or under the control of the organisation; and (b) information about the ways in which the personal data mentioned in paragraph (a) has been or may have been used or disclosed by the organisation within a year before the date of the request. (2) An organisation is not required to provide an individual with the individual's personal data or other information under subsection (1) in respect of the matters specified in the Fifth Schedule④. (3) Subject to subsection (3A), an organisation must not provide an individual with the individual's personal data or other information under subsection (1) if the provision of that personal data or other information (as the case may be) could reasonably be expected to — (m) threaten the safety or physical or mental health of an individual other than the individual who made the request; (n) cause immediate or grave harm to the safety or to the physical or mental health of the individual who made the request; (o) reveal personal data about another individual; (p) reveal the identity of an individual who has provided personal data about another individual and the individual providing the personal data does not consent to the disclosure of his or her identity; or (q) be contrary to the national interest.

③ 来源于越南PDPA的英文版(非官方翻译): https://vietanlaw.com/decree-13-2023-nd-cp-on-protection-of-personal-data/。

④ 新加坡PDPA第五附表列明了一系列访问要求的例外情况，详见https://sso.agc.gov.sg/Act/PDPA2012?ProvIds=Sc5-#Sc5-。

续表

法律	规定
新加坡 PDPA	（3A）Subsection（3）（c）and（d）does not apply to any user activity data about, or any user-provided data from, the individual who made the request despite such data containing personal data about another individual. （4）An organisation must not inform any individual under subsection（1）（b）that the organisation has disclosed personal data about the individual to a prescribed law enforcement agency if the disclosure was made under this Act or any other written law without the individual's consent. （5）If an organisation is able to provide the individual with the individual's personal data and other information requested under subsection（1）without the personal data or other information excluded under subsections（2），（3）and（4），the organisation must provide the individual with access to the personal data and other information without the personal data or other information excluded under subsections（2），（3）and（4）. （6）Where — （a）an individual makes a request under subsection（1）to an organisation on or after 1 February 2021； and （b）the organisation，by reason of subsection（2）or（3），does not provide an individual with the individual's personal data or other information requested under subsection（1）， the organisation must， within the prescribed time and in accordance with the prescribed requirements， notify the individual of the rejection. （7）Where — （a）an individual makes a request under subsection（1）to an organisation on or after 1 February 2021； and （b）the organisation provides the individual， in accordance with subsection（5），with the individual's personal data or other information requested under subsection（1），the organisation must notify the individual of the exclusion，under subsection（2）or（3），of any of the personal data or other information so requested.

我们看上面的表格梳理，即使不看具体内容，单看体例和篇幅，也可以明显看出这几部法律关于访问权的规定是不一样的。结合具体规定，我们有以下几点观察和思考：

一是这几个国家关于访问的数据和信息的范围存在不同，欧盟 GDPR 规定的范围包括处理目的、处理数据类型、接收方和存储期限这些；越南 PDPD 没有明确列明，但从条文来看似乎限于处理的个人数据；新加坡 PDPA 则是个人数据和一年内组织如何使用或披露个人数据的信息。不一样的范围意味着企业响应数据主体提出的访问权请求时，在一个国家应当提供的内容可能在另一个国家可以不予提供。

二是新加坡对于访问权回应的信息有一个一年的限制，这样的时间限制在欧盟、越南和很多其他国家都没有规定，需要进一步澄清。如果没有澄清，理论上数据主体可以就企业从收集之日起至行使访问权之日期间的个人信息处理活动行使访问权，这意味着企业为数据主体服务时间越长，对于数据主体访问权的配合义务就更重。对于这样的情形，我们理解企业可以在法律规定、协议约定等方面尝试界定一个合理区间。例如，在当地个人数据保护法律生效前的处理活动的相关信息是不是可以排除？已经超过存储期限和删除的部分也应可以排除。

三是新加坡还有一个特点，就是新加坡的 PDPA 是花了最多的篇幅去描述访问权的限制情形的（大致看下来明文规定的就有二三十种），而且是单独针对访问权单独规定的限制情形，而很多国家的立法是类似 GDPR 这种，将例外情形是针对行使个人数据主体权利的例外，不是针对一个权利去单独说，也不会列出这么多具体的情形。但是需要提示的是，这并不意味着其他国家的例外情形就必然比新加坡的少，我们细看新加坡的例外条文规定就会发现，很多例外情形很可能是来源于其他法律规定。例如，仲裁机构持有的个人资料例外就是基于仲裁的保密要求，泄露商业机密的例外是因为侵犯企业权利等，这些例外情形在其他国家的数据法中也许没有明文规定，但是在其他部门法中有规定，需要在应对个人的权利请求时纳入考量。

从前述分析来看，即使很多国家的数据保护立法都受到了 GDPR 溢出效应的影响，或多或少有 GDPR 的影子，但是类似访问权的情形，在更正权、删除权、可携权等个人信息主体权利和这些权利的行使流程和相应要求上，和前面分析的访问权都是一样的情况。这既证明了前述类型化的研究思路尚不足够，也导致了企业出海不能依据一套方案去应对数据主体提出的权利请求，而是需要根据不同国家和地区的规定去制订具体的应对和实施方案。

附录 3：中国数据出境示意图

正如在本书第 4 章“中国关于数据出境的监管体系”一节的讨论，中国对于数据出境已经形成了全面的监管体系，涵盖了特定数据类型（不局限于个人信息）、特定主体、特定场景和特定行业数据出境的规则。我们对这些规则进行了梳理，并形成了以下中国数据出境示意图，以对这些出境的规则和路径进行更直观的展示。

中国数据出境示意图

国家秘密和涉及国家安全的数据

关键信息基础设施运营者

特定行业监管

- 汽车
- 工业、电信、互联网
- 个人金融数据
- 健康数据
- 人类遗传资源
- ……

网信办监管框架

1. **数据出境安全评估**
   - 重要数据
   - 关键信息基础设施运营者
   - 自当年 1 月 1 日起累计向境外提供 100 万人以上个人信息（不含敏感个人信息）
   - 自当年 1 月 1 日起累计向境外提供 1 万人以上敏感个人信息
2. **个人信息出境标准合同备案**
   - 自当年 1 月 1 日起累计向境外提供 10 万人至 100 万人个人信息（不含敏感个人信息）
   - 自当年 1 月 1 日起累计向境外提供不满 1 万人敏感个人信息
3. **个人信息保护认证**
4. **豁免情形（非关键信息基础设施运营者或非重要数据）**
   - 订立、履行个人作为一方当事人的合同
   - 实施跨境人力资源管理
   - 紧急情况下为保护自然人的生命健康和财产安全
   - 自当年 1 月 1 日起累计向境外提供不满 10 万人个人信息（不含敏感个人信息）

特殊监管场景

- 赴境外上市
- 境外司法辖区的跨境民商事仲裁和诉讼
- 国际刑事司法协助
- 外国司法或执法机构的数据传输要求
- 基于互惠原则的限制
- 关键信息基础设施运营者
- 重要数据
- 自由贸易区
- 粤港澳大湾区

附录 4：数据跨境传输的白名单统计（按国别）

以下为设立数据跨境白名单机制的主要国家或地区，统计时间截至 2025 年 4 月。其中，尼日利亚和俄罗斯将中国列入其数据跨境白名单。

根据以下统计结果，我们注意到除了部分还没有公布具体白名单的国家和地区，大部分公布白名单的国家和地区认可适用欧盟 GDPR 的 EEA 地区国家对个人数据的保护水平，部分国家进一步认可通过欧盟委员会充分性认定的国家和地区对个人数据的保护水平，将这些国家和地区纳入本国和本地区的白名单中，具体请参见以下统计表。

序号	国家或地区	数据跨境白名单机制和数据跨境白名单中的国家或地区	备注
Ⅰ．欧洲			
1	欧盟	欧盟在《通用数据保护条例》（*General Data Protection Regulation*）第 45 条设置了“数据保护充分性认定”制度。截至 2025 年 4 月，欧盟官网公布的通过数据保护充分性认定的国家或地区共计 15 个： 安道尔公国、阿根廷、加拿大（限于商业组织）、法兰群岛、根西岛、以色列、马恩岛、日本、泽西岛、新西兰、韩国、瑞士、英国、美国（参与《欧盟—美国数据隐私框架》的商业组织）、乌拉圭	
2	英国	英国在《英国通用数据保护条例》（*United Kingdom General Data Protection Regulation*）第 45 条设立了“数据保护充分性认定”制度。以下为截至 2023 年 10 月 13 日，英国信息专员办公室（UK Information Commissioner’s Office）官网公布的通过数据保护充分性认定的国家或地区 （1）欧洲经济区（EEA）国家（30 个）：奥地利、比利时、保加利亚、塞浦路斯、克罗地亚、捷克、丹麦、爱沙尼亚、芬兰、法国、德国、希腊、匈牙利、爱尔兰、意大利、拉脱维亚、立陶宛、卢森堡、马耳他、荷兰、波兰、葡萄牙、罗马尼亚、斯洛伐克、斯洛文尼亚、西班牙、瑞典、冰岛、列支敦士登公国、挪威 （2）欧盟或欧洲经济区的机构、团体、办事处或代理机构	

续表

序号	国家或地区	数据跨境白名单机制和数据跨境白名单中的国家或地区	备注
2	英国	（3）全面通过欧盟委员会充分性认定的国家或地区（10个）：安道尔公国、阿根廷、法兰群岛、根西岛、以色列、马恩岛、泽西岛、新西兰、瑞士、乌拉圭 （4）部分通过欧盟委员会充分性认定的国家或地区（3个）：加拿大（仅限加拿大《个人信息保护和电子文件法》（*Personal Information Protection and Electronic Documents Act*）所涵盖的数据）、日本（仅限私营部门组织）、美国（仅限《欧盟－美国数据隐私框架》英国扩展计划转移的数据）。 （5）其他国家或地区（2个）：直布罗陀、韩国。此外，2021年8月，英国政府对外公布了拟新增的给予充分性认定的国家或地区名单，涵盖10个国家或地区，分别为：澳大利亚、哥伦比亚、迪拜国际金融中心（DIFC）、韩国（2022年11月已给予充分性认定）、新加坡、美国（2023年9月已给予部分充分性认定）、印度、巴西、印度尼西亚、肯尼亚	在2021年8月英国政府公布的拟新增的给予充分性认定的国家或地区名单中，目前韩国于2022年11月通过充分性认定、美国于2023年9月通过部分充分性认定
3	瑞士	瑞士于2022年8月31日在新修订的《联邦数据保护法》（*Ordinance to the Federal Data Protection Act*）中设立了数据跨境白名单机制，并公布了数据跨境白名单，覆盖共计44个国家或地区： 安道尔公国、阿根廷、比利时、保加利亚、丹麦、德国、爱沙尼亚、法兰群岛、芬兰、法国、直布罗陀、希腊、格恩西岛、爱尔兰、冰岛、马恩岛、以色列、意大利、泽西岛、加拿大（适用于联邦《个人信息保护与电子文件法》或与其基本一致的省级法律）、列支敦士登、立陶宛、卢森堡、马耳他、摩纳哥、荷兰、新西兰、挪威、奥地利、波兰、葡萄牙、罗马尼亚、瑞典、斯洛伐克、斯洛文尼亚、西班牙、捷克共和国、匈牙利、乌拉圭、英国、克罗地亚、塞浦路斯、拉脱维亚、美国（仅限《瑞士—美国数据隐私框架原则》认证的组织）	2023年9月1日起正式生效

续表

序号	国家或地区	数据跨境白名单机制和数据跨境白名单中的国家或地区	备注
4	塞尔维亚	塞尔维亚在其个人数据保护相关法律中设立了数据跨境白名单制度，其公布的数据跨境白名单涵盖57个国家或地区： （1）欧盟（EU）成员国家（27个）：奥地利、比利时、保加利亚、塞浦路斯、克罗地亚、捷克、丹麦、爱沙尼亚、芬兰、法国、德国、希腊、匈牙利、爱尔兰、意大利、拉脱维亚、立陶宛、卢森堡、马耳他、荷兰、波兰、葡萄牙、罗马尼亚、斯洛伐克、斯洛文尼亚、西班牙、瑞典。 （2）加入欧洲理事会《关于个人数据自动化处理的个人保护公约》（*Convention for the Protection of Individuals with regard to Automatic Processing of Personal Data*）的国家或地区（28个）：阿根廷、波斯尼亚和黑塞哥维那、布基纳法索、乌拉圭、希腊、格鲁吉亚、安道尔公国、列支敦士登公国、摩纳哥、摩洛哥、挪威、墨西哥、阿塞拜疆、阿尔巴尼亚、亚美尼亚、佛得角共和国、冰岛、毛里求斯、摩尔多瓦共和国、圣马力诺共和国、北马其顿共和国、塞内加尔共和国、英国、突尼斯、土耳其、乌克兰、黑山、瑞士 （3）其他国家或地区（2个）：加拿大（仅限商事主体）、日本	
5	马恩岛	马恩岛通过《2018年数据保护法案》（*Data Protection Act* 2018）等系列法案建立了数据跨境白名单制度，其数据跨境白名单涵盖46个国家或地区：	

续表

序号	国家或地区	数据跨境白名单机制和数据跨境白名单中的国家或地区	备注
5	马恩岛	（1）欧洲经济区（EEA）成员国家（30 个）：奥地利、比利时、保加利亚、塞浦路斯、克罗地亚、捷克、丹麦、爱沙尼亚、芬兰、法国、德国、希腊、匈牙利、爱尔兰、意大利、拉脱维亚、立陶宛、卢森堡、马耳他、荷兰、波兰、葡萄牙、罗马尼亚、斯洛伐克、斯洛文尼亚、西班牙、瑞典、冰岛、列支敦士登公国、挪威 （2）通过欧盟充分性认定的国家或地区（15 个）：安道尔公国、阿根廷、加拿大、法兰群岛、根西岛、以色列、马恩岛、日本、泽西岛、新西兰、韩国、瑞士、英国、美国（参与《欧盟—美国数据隐私框架》的商业组织）、乌拉圭 （3）其他国家或地区（1 个）：直布罗陀	
Ⅱ. 亚洲			
6	日本	《个人信息保护法》（*Act on the Protection of Personal Information*）第 28 条设立了数据跨境充分性认定制度。2019 年 1 月，日本公布通过数据保护充分性认定的国家或地区有 2 个：欧盟、英国	
7	泰国	《个人数据保护法》（*Personal Data Protection Act*）第 28 条设立了数据跨境白名单制度，但目前暂未查询到官方公布的具体白名单	泰国个人数据保护委员会（PDPC）在政府公报上发布了《白名单通知》（*Whitelist Notification*），于 2024 年 3 月 24 日生效。
8	中国香港	《个人资料（私隐）条例》第 33 条第（2）（3）款设立了数据跨境白名单制度，但目前暂未查询到官方公布的具体白名单	《个人资料（私隐）条例》第 33 条尚未实施

续表

序号	国家或地区	数据跨境白名单机制和数据跨境白名单中的国家或地区	备注
9	马来西亚	马来西亚于2024年10月17日发布的《2024年个人数据保护法（修正案）》（*Personal Data Protection*（*Amendment*）Act 2024），取消了原拟议于《个人数据保护（向马来西亚境外传输个人数据）》2017法令草案（*Personal Data Protection*（*Transfer Of Personal Data To Places Outside Malaysia*）*Order* 2017）中根据第129条（1）款的数据跨境白名单制度，改为允许将个人数据从马来西亚传输到法律保护水准实质上相似，或提供与马来西亚相当级别个人数据保护的国家	2024年《个人数据保护法（修正案）》（*Personal Data Protection*（*Amendment*）*Act* 2024）对于第129条的修改于2025年4月1日生效
10	印度	印度于2023年8月颁布的《数字个人数据保护法》（*The Digital Personal Data Protection Act*, 2023）第16条第（1）款设立了数据跨境“负面清单”制度，但目前暂未查询到官方公布的具体“负面清单”	该法案尚未生效
Ⅲ. 非洲			
11	尼日利亚	尼日利亚于2023年6月颁布《尼日利亚数据保护法案》（*Nigeria Data Protection Act*, 2023），第42条设立了数据跨境白名单制度。 尼日利亚于2020年11月在《2019尼日利亚数据保护条例：实施框架》（*Nigeria Data Protection Regulation 2019*: *Implementation Framework*，“《数据保护条例》”）中公布了视为拥有充分数据保护法规的国家或地区白名单，涵盖82个国家或地区： （1）所有签署《非洲联盟网络安全和个人数据保护公约（2014年马拉博公约）》（African Union Convention on Cyber Security and Personal Data Protection（Malabo Convention 2014））的非洲国家（18个）：贝宁共和国、喀麦隆共和国、乍得共和国、科摩罗、刚果、冈比亚共和国、加纳、几内亚比绍共和国、莫桑比克、毛里塔尼亚、卢旺达、南非、塞拉利昂、圣多美和普林西比民主共和国、苏丹、多哥共和国、突尼斯、赞比亚	

续表

序号	国家或地区	数据跨境白名单机制和数据跨境白名单中的国家或地区	备注
11	尼日利亚	（2）所有欧盟（EU）和欧洲经济区（EEA）的成员国家（30个）：奥地利、比利时、保加利亚、塞浦路斯、克罗地亚、捷克、丹麦、爱沙尼亚、芬兰、法国、德国、希腊、匈牙利、爱尔兰、意大利、拉脱维亚、立陶宛、卢森堡、马耳他、荷兰、波兰、葡萄牙、罗马尼亚、斯洛伐克、斯洛文尼亚、西班牙、瑞典、冰岛、列支敦士登公国、挪威 （3）其他国家或地区（34个）：阿尔及利亚、阿根廷、巴林王国、贝宁王国、巴西、加纳、毛里求斯、南非、多哥、突尼斯、加拿大、佛得角、中国、中国香港、中国台湾、塞浦路斯、以色列、日本、菲律宾、新加坡、韩国、法罗群岛、马恩岛、泽西岛、瑞士、肯尼亚、美国、根西岛、马来西亚、卡塔尔国、土耳其、阿拉伯联合酋长国、印度、乌拉圭	2023年11月，尼日利亚联邦高等法院在Incorporated Trustees of Ikigai Innovation Initiative诉国家信息技术发展局（NITDA）一案中裁定，白名单中包含了一些未具备数据保护法律或未设立独立监管机构的国家，违反了《数据保护条例》的规定，这些国家不应被视为具备充分数据保护的国家，并要求对白名单进行审查和修订。但《数据保护法案》并未废除《数据保护条例》，因此这份白名单仍然有效 数据跨境白名单中包含中国
12	肯尼亚	《数据保护（通用）法规》（*Data Protection* （*General*）*Regulations*，2021）第44条设立了数据跨境白名单制度，但目前暂未查询到官方公布的具体白名单。	
13	塞内加尔	《2008-12号法案》（Law No. 2008-12）第49条设立了数据跨境白名单制度，但目前暂未查询到官方公布的具体白名单	
14	安哥拉	《数据保护法》（*Data Protection Law*，2011）第33条设立了数据跨境白名单制度，但目前暂未查询到官方公布的具体白名单	

续表

序号	国家或地区	数据跨境白名单机制和数据跨境白名单中的国家或地区	备注
Ⅳ.南美洲			
15	哥伦比亚	哥伦比亚2012年第1581号法律（Law 1581 of 2012）和工商监管局（SIC）发布的2017年第005号外部通告（External Circular No. 005 of 2017 issued by the Superintendence of Industry and Commerce）允许将个人数据国际传输给提供足够数据保护水平的国家/地区，且公布了符合数据保护水平判断标准的国家和地区名单： 德国、奥地利、比利时、保加利亚、塞浦路斯、哥斯达黎加、克罗地亚、丹麦、斯洛伐克、斯洛文尼亚、爱沙尼亚、西班牙、美利坚合众国、芬兰、法国、希腊、匈牙利、爱尔兰、冰岛、意大利、拉脱维亚、立陶宛、卢森堡、马耳他、墨西哥、挪威、荷兰、秘鲁、波兰、葡萄牙、英国、捷克共和国、韩国、罗马尼亚、塞尔维亚、瑞典以及欧盟委员会宣布具有足够保护水平的国家/地区	
16	阿根廷	阿根廷国家个人数据保护局第60/2016号条款（Disposición 60 – E/2016）其随后的第34/2019修正案决议（Resolución 34/2019）确定了阿根廷认为个人数据保护水平已达充分的白名单国家或地区： （1）欧盟（EU）和欧洲经济区（EEA）的成员国家（30个）：奥地利、比利时、保加利亚、塞浦路斯、克罗地亚、捷克、丹麦、爱沙尼亚、芬兰、法国、德国、希腊、匈牙利、爱尔兰、意大利、拉脱维亚、立陶宛、卢森堡、马耳他、荷兰、波兰、葡萄牙、罗马尼亚、斯洛伐克、斯洛文尼亚、西班牙、瑞典、冰岛、列支敦士登公国、挪威 （2）其他国家或地区（11个）：英国（包括北爱尔兰）、瑞士、根西岛、泽西岛、马恩岛、法罗群岛、加拿大（仅限私营部门）、安道尔公国、新西兰、乌拉圭、以色列（仅限于自动化处理的数据）	

续表

序号	国家或地区	数据跨境白名单机制和数据跨境白名单中的国家或地区	备注
17	乌拉圭	乌拉圭于2021年6月8日在第23/021号决议（Resolución N° 23/021）中公布了视为拥有充分数据保护的国家或地区的白名单，涵盖42个国家或地区： （1）欧盟（EU）和欧洲经济区（EEA）的成员国家（30个）：奥地利、比利时、保加利亚、塞浦路斯、克罗地亚、捷克、丹麦、爱沙尼亚、芬兰、法国、德国、希腊、匈牙利、爱尔兰、意大利、拉脱维亚、立陶宛、卢森堡、马耳他、荷兰、波兰、葡萄牙、罗马尼亚、斯洛伐克、斯洛文尼亚、西班牙、瑞典、冰岛、列支敦士登公国、挪威 （2）其他国家或地区（12个）：安道尔公国、阿根廷、加拿大（限于私营部门）、根西岛、马恩岛、法兰群岛、以色列、日本、泽西岛、新西兰、英国（包括北爱尔兰）、瑞士	
18	巴西	《巴西通用数据保护法》（*Brazilian General Data Protection Law*）第33条设立了数据跨境白名单制度，但目前暂未查询到官方公布的具体白名单	
V. 中东			
19	迪拜国际金融中心（阿拉伯联合酋长国自由贸易区）	迪拜国际金融中心（DIFC）在《DIFC数据保护法》（Data Protection Law DIFC Law No. 5 of 2020）第26条设置了将数据跨境传输至提供同等保护水平之国家或地区的制度。截至2023年6月30日，迪拜国际金融中心官网公布的通过评估的同等保护水平之国家或地区共计57个：	

续表

序号	国家或地区	数据跨境白名单机制和数据跨境白名单中的国家或地区	备注
19	迪拜国际金融中心（阿拉伯联合酋长国自由贸易区）	（1）欧盟（EU）和欧洲经济区（EEA）的成员国家（30个）：奥地利、比利时、保加利亚、塞浦路斯、克罗地亚、捷克、丹麦、爱沙尼亚、芬兰、法国、德国、希腊、匈牙利、爱尔兰、意大利、拉脱维亚、立陶宛、卢森堡、马耳他、荷兰、波兰、葡萄牙、罗马尼亚、斯洛伐克、斯洛文尼亚、西班牙、瑞典、冰岛、列支敦士登公国、挪威 （2）其他国家或地区（18个）：安道尔公国、阿根廷、阿布扎比全球市场（ADGM）、美国（加利福尼亚）、加拿大、哥伦比亚、法罗群岛、格恩西岛、马恩岛、以色列、日本、泽西岛、新西兰、瑞士、乌拉圭、英国、新加坡、韩国 （3）部分加入跨境隐私规则（Cross-Border Privacy Rules （CBPR）System）体系的国家或地区（9个）：美国、墨西哥、日本、加拿大、新加坡、大韩民国、澳大利亚、中国台北和菲律宾	
20	阿布扎比全球市场（阿拉伯联合酋长国自由贸易区）	阿布扎比全球市场（ADGM）在《ADGM2021年数据保护条例》（*ADGM Data Protection Regulations* 2021）第41条设立了“数据保护充分性认定”制度。截至2025年4月，阿布扎比全球市场官网公布的通过充分性认定的国家或地区共计44个： 日本、安道尔公国、奥地利、比利时、保加利亚、塞浦路斯、捷克、克罗地亚、爱沙尼亚、丹麦、芬兰、法兰群岛、德国、法国、根西岛、希腊、冰岛、匈牙利、马恩岛、爱尔兰、泽西岛、意大利、列支敦士登、拉脱维亚、卢森堡、立陶宛、荷兰、马耳他共和国、波兰、挪威、罗马尼亚、葡萄牙、斯洛文尼亚、斯洛伐克、瑞典、西班牙、英国、瑞士、新西兰、迪拜国际金融中心（DIFC）、以色列、阿根廷、乌拉圭、加拿大（限于加拿大《个人信息保护和电子文件法》（*Personal Information Protection and Electronic Documents Act*）所约束的接收方）	

续表

序号	国家或地区	数据跨境白名单机制和数据跨境白名单中的国家或地区	备注
21	以色列	以色列于2001年6月17日在《隐私保护（数据跨境传输）条例》（*Privacy Protection* (*Transfer of Data to Databases Abroad*) *Regulations*）中公布了数据跨境传输白名单，涵盖60个国家或地区： （1）原欧洲共同体（European Community）现欧盟成员国家（27个）：奥地利、比利时、保加利亚、塞浦路斯、克罗地亚、捷克、丹麦、爱沙尼亚、芬兰、法国、德国、希腊、匈牙利、爱尔兰、意大利、拉脱维亚、立陶宛、卢森堡、马耳他、荷兰、波兰、葡萄牙、罗马尼亚、斯洛伐克、斯洛文尼亚、西班牙、瑞典 （2）截至2025年4月签署并批准欧洲理事会《关于个人数据自动化处理的个人保护公约》（*Convention for the Protection of Individuals with regard to Automatic Processing of Personal Data*）的国家或地区（33个）：阿尔巴尼亚、安道尔、亚美尼亚、奥地利、波斯尼亚和黑塞哥维那、保加利亚、克罗地亚、塞浦路斯、爱沙尼亚、芬兰、法国、德国、希腊、匈牙利、冰岛、意大利、列支敦士登、立陶宛、马耳他、摩纳哥、北马其顿、波兰、葡萄牙、罗马尼亚、圣马力诺、塞尔维亚、斯洛伐克、斯洛文尼亚、西班牙、瑞士、阿根廷、毛里求斯、乌拉圭	
22	阿拉伯联合酋长国（不含迪拜国际金融中心和阿布扎比全球市场）	《个人数据保护法》（*Personal Data Protection Law* No. 45/2021）第22条设立了数据跨境白名单制度，但目前暂未查询到官方公布的具体白名单	
23	土耳其	《个人数据保护法》（*Law on the Protection of Personal Data*）第9条设立了数据保护充分性认定制度，但目前暂未查询到官方公布的具体白名单	

续表

序号	国家或地区	数据跨境白名单机制和数据跨境白名单中的国家或地区	备注
Ⅵ. 独联体			
24	俄罗斯	俄罗斯联邦通信、信息技术和大众传播监督局于2022年9月20日通过第128号令公布了的数据跨境白名单，涵盖89个国家或地区： （1）加入欧洲理事会《关于个人数据自动化处理的个人保护公约》（*Convention for the Protection of Individuals with regard to Automatic Processing of Personal Data*）的国家或地区（55个）：奥地利、阿根廷、波斯尼亚和黑塞哥维那、布基纳法索、卢森堡、匈牙利、乌拉圭、希腊、格鲁吉亚、爱尔兰、意大利、安道尔公国、列支敦士登公国、摩纳哥、比利时、丹麦、西班牙、摩洛哥、荷兰、挪威、瑞典、拉脱维亚共和国、立陶宛、墨西哥、葡萄牙、阿塞拜疆、阿尔巴尼亚、亚美尼亚、保加利亚、佛得角共和国、冰岛、塞浦路斯、毛里求斯、马耳他共和国、摩尔多瓦共和国、波兰、圣马力诺共和国、北马其顿共和国、塞内加尔共和国、塞尔维亚、斯洛文尼亚共和国、克罗地亚、罗马尼亚、斯洛伐克、英国、突尼斯、土耳其、乌克兰、德国、芬兰、法国、黑山、捷克、瑞士、爱沙尼亚共和国 （2）其他国家或地区（34个）：澳大利亚、加蓬共和国、以色列、卡塔尔、加拿大、吉尔吉斯斯坦、中国、泰国、马来西亚、蒙古国、孟加拉国、新西兰、安哥拉共和国、白俄罗斯、贝宁共和国、赞比亚、印度、科特迪瓦共和国、哈萨克斯坦、哥斯达黎加、韩国、马里共和国、尼日尔、秘鲁、新加坡、塔吉克斯坦、乌兹别克斯坦、乍得共和国、越南、多哥共和国、巴西、尼日利亚、南非、日本	数据跨境白名单中包含中国

附录 5：GDPR 关于向第三国传输个人数据的总结

GDPR 并未要求数据控制者或处理者必须将其收集和处理的个人数据存储于欧盟境内，但是如果数据控制者或处理者将个人数据传输至欧盟境外的第三国或国际组织，应满足 GDPR 第 5 章（将个人数据传输到第三国或国际组织）所规定的条款或条件，特别是第 45、46、49 条等关于数据跨境传输的法律基础的相关规定。

根据 GDPR，数据控制者或处理者可以基于三类法律基础向欧盟境外进行个人数据传输。

第一类是基于认定具有充分保护的传输（GDPR 第 45 条），即“当欧盟委员会作出认定，认为相关的第三国、第三国中的某区域或一个或多个特定（行业）部门、国际组织具有充分水平的保护，可以将个人数据传输到第三国或国际组织。此类传输不需要特定的授权”。目前，欧盟委员会已经认定 15 个国家和地区为个人数据提供了充分保护，包括安道尔、阿根廷、加拿大（限于商业组织）、法兰群岛、根西岛、以色列、马恩岛、日本、泽西岛、新西兰、韩国、瑞士、英国、美国（参与《欧盟—美国数据隐私框架》的商业组织）和乌拉圭，向该等国家和地区传输个人数据无须取得额外授权或采取额外行动。由于中国尚未被欧盟委员会认定为可为个人数据提供充分保护的国家，因此欧盟的数据控制者或处理者无法以此作为基础向中国传输个人数据。

第二类是基于适当安全保障措施进行的个人数据传输（GDPR 第 46 条）。即使数据接收方所在国家并非被认定为可提供充分保护的国家，如数据控制者或处理者采取适当的保障措施，并为数据主体提供可执行的权利与有效的法律救济措施，则可将个人数据传输至欧盟境外的国家。保障措施包括：

（1）公共机构或实体之间签订的具有法律约束力和可执行性的文件；

（2）符合 GDPR 第 47 条规定，经成员国监管机构批准的有约束力的公司规则（Binding Corporate Rules）；

（3）欧盟委员会根据 GDPR 第 93（2）条规定的核查程序而制定的标准合同条款（Standard Data Protection Clause）；

（4）成员国监管机构根据 GDPR 第 93（2）条规定的核查程序制定并且经欧盟委员会批准的数据保护标准条款；

（5）根据 GDPR 第 40 条制定的经批准的行为准则（Code of Conduct），以及第三国的数据控制者或处理者为了采取适当的安全保障而作出的具有约束力和可执行性的承诺，包括关于数据主体的权利之承诺；或者

（6）根据 GDPR 第 42 条经批准的认证机制（Certification Mechanism），以及第三国的控制者或处理者为了采取适当的安全保障而作出的具有约束力和可执行性的承诺，包括关于数据主体的权利之承诺。

第三类是在上述两类个人数据传输的法律基础无法适用的情况下，GDPR 允许基于以下例外向欧盟境外第三国或国际组织传输个人数据（GDPR 第 49 条）。

（1）数据主体被明确告知，不存在充分保护或适当的安全措施，拟进行的数据传输存在风险，但数据主体仍然明确表示同意拟进行的数据传输；

（2）传输对于履行数据主体与数据控制者之间的合同，或者实施在订立合同前根据数据主体的要求所采取的措施是必要的；

（3）传输对于数据控制者和另一自然人或法人之间签订或履行符合数据主体利益的合同是必要的；

（4）传输对于实现公共利益是必要的；

（5）传输对于确立、行使或抗辩法律请求是必要的；

（6）当数据主体自身或法律上无法提供同意，但传输对于保护数据主体或其他人士的重大利益是必要的；

（7）传输是从登记机关进行的，该登记机关根据欧盟法律或欧盟成员国法律向公众提供信息且向一般公众或可证明有正当利益的任何人士提供咨询，但前提条件是，在特定的个案中需要满足欧盟法律或欧盟成员国法律对咨询所规定的条件。

附录 6：东盟 MCCs 与欧盟 SCCs 的主要异同点

在服务出海至东盟的企业过程中，我们发现很多人第一次听到东盟示范合同条款（MCCs）[⑤] 时第一反应常常是这个条款和欧盟标准合同条款（SCCs [⑥]）是一回事吗？是不是可以作为从东盟向东盟之外的国家传输个人数据的法律基础？

实际上，两者在适用场景和具体内容上有诸多差异。最为显著的差异是东盟 MCCs 主要适用于东盟成员国之间的个人信息传输，而欧盟 SCCs 则适用于从欧洲经济区向第三国的数据传输。此外，东盟 MCCs 由东盟成员国自愿选择是否适用，并不具有法律约束力；而欧盟 SCCs 是对各成员国具有强制效力。

与此同时，我们也注意到，东盟与欧盟已联合发布了《东盟示范合同条款与欧盟标准合同条款联合指南》[⑦]，希望促进两者的衔接。

关于东盟 MCCs 和欧盟 SCCs 的对比请见下表。

序号	对比项	东盟 MCCs	欧盟 SCCs
1	适用范围	MCCs 是东盟成员国自愿选择的一种数据跨境传输机制，可适用于从东盟一个成员国向另一成员国传输个人数据的场景。但是，若 MCCs 的内容和成员国的国内立法存在不一致，成员国的国内立法优先适用	SCCs 适用于从欧洲经济区向欧洲经济区之外的地区传输个人数据的场景 SCCs 属于 GDPR 项下个人数据跨境传输的法律基础之一
		未明确定义“传输”的概念。从整体框架内容来看，从第三国 / 地区访问个人数据也可被理解为构成“传输”	在 GDPR 项下“传输”是广义的概念。远程访问个人数据也构成“传输”

⑤ 东盟示范合同条款全文请见ASEAN Model Contractual Clauses：https://asean.org/wp-content/uploads/2021/08/ASEAN-Model-Contractual-Clauses-for-Cross-Border-Data-Flows.pdf。

⑥ 欧盟标准合同条款全文请见EU Standard Contractual Clauses：https://eur-lex.europa.eu/eli/dec_impl/2021/914/oj/eng#：~：text=Commission%20Implementing%20Decision%20%28EU%29%202021%2F914%20of%204%20June，and%20of%20the%20Council%20%28Text%20with%20EEA%20relevance%29。

⑦《东盟示范合同条款和欧盟标准合同条款的联合指南》全文请见Joint Guide to ASEAN Model Contractual Clauses and EU Standard Contractual Clauses：https://asean.org/wp-content/uploads/2024/02/Joint-Guide-to-ASEAN-Model-Contractual-Clauses-and-EU-Standard-Contractual-Clauses.pdf。

续表

<table>
<tr><th>序号</th><th>对比项</th><th>东盟 MCCs</th><th>欧盟 SCCs</th></tr>
<tr><td colspan="4">均适用于向集团外部的数据跨境传输和集团内部之间的数据跨境</td></tr>
<tr><td>2</td><td>和其他合同的关系</td><td colspan="2">均可被纳入相关的业务合同（例如，作为业务合同的附件）</td></tr>
<tr><td rowspan="3">3</td><td rowspan="3">格式文本</td><td>可修改条款，但前提是不违反东盟数据保护原则和成员国的适用法律</td><td>除选择格式文本中提供的模块和特定选项、填写附件内容、添加提高数据保护水平的额外保障措施之外，文本不可修改</td></tr>
<tr><td colspan="2">附件中均需要约定数据提供方（data exporter）和数据接收方（data importer）、传输的数据、涉及的数据主体（主体类别）、传输目的等信息
附件均需要签署</td></tr>
<tr><td>除上述关于数据传输的信息外，附件中没有关于其他事项的约定</td><td>除上述关于数据传输的信息外，附件中约定的其他信息还包括监管机构、适用的技术和组织措施等。附件具体包括以下几项：
附件一：签约方相关信息，传输相关描述，包括数据主体类型、传输的数据类型、处理目的等以及主管的监管机构
附件二：描述确保合规性（包括数据安全）的技术和组织措施
（仅适用于向处理者传输的情形）附件三：列明被授权的受托处理者</td></tr>
<tr><td rowspan="2">4</td><td rowspan="2">合同结构（模块）</td><td colspan="2">均采用模块化方法。不同的模块适用于不同的传输主体和接收主体之间的数据跨境传输。</td></tr>
<tr><td>包括 2 个模块：
➢ Module 1：controller-to-processor transfers（C2P）
➢ Module 2：controller-to-controller transfers（C2C）</td><td>包括 4 个模块：
➢ Module 1：controller-to-controller transfers（C2C）
➢ Module 2：controller-to-processor transfers（C2P）
➢ Module 3：processor-to-processor transfers（P2P）
➢ Module 4：processor-to-controller transfers（P2C）</td></tr>
<tr><td>5</td><td>合同主体的变更/增加</td><td>无相关约定</td><td>可选择约定“对接条款”（docking clause）（第 7 条），以使额外的主体后续加入 SCCs 和受 SCCs 约束</td></tr>
</table>

续表

序号	对比项	东盟 MCCs	欧盟 SCCs
6	主要概念	均定义了主要的概念，例如，“个人数据（personal data）”“处理（processing）”“数据泄露（data breach）”。这些主要概念在 MCCs 和 SCCs 中的定义高度趋同	
7	适用法律和争议解决	均需要明确约定合同的适用法律。	
		双方可自由选择适用法律，且在 C2P 模块中提示选择东盟成员国的法律	必须选择允许第三方受益人权利的适用法律。在 C2C、C2P 和 P2P 模块中，适用法律应为欧盟成员国的法律；在 P2C 模块中，可选择欧盟成员国或非欧盟成员国的法律。 如果数据接收方为处理者，适用法律原则上为数据提供方所在国的法律
		争议解决方式是可选条款。双方可自由选择约定争议解决的方式	和适用法律的选择相同，在 C2C、C2P 和 P2P 模块中，争议解决方式必须选择欧盟成员国的法院，此外，数据主体也可以向其经常居住地的欧盟成员国的法院提起诉讼。在 P2C 模块中，争议解决方式可选择欧盟成员国或非欧盟成员国的法院
8	数据再传输	在 C2C 模块中未明确约定数据再传输的条款，但适用东盟个人数据保护框架中设立的关于数据跨境传输的原则 在 C2P 模块中约定了数据再传输的要求：数据接收方仅可在书面通知数据提供方，且向数据提供方提供了反对的合理机会之后方可再传输数据，且接收数据的第三方也应遵守数据处理者的义务	数据再传输仅可在满足特定的条件后方可进行，不同模块约定了不同的条件，例如确定再传输的特定基础这一项，C2C、C2P 和 P2P 模块中均约定了第三方接收方受 SCCs 约束、向已通过数据保护充分性认定的第三国传输等，而 C2C 模块中的再传输基础还包括数据主体的明确同意

续表

序号	对比项	东盟 MCCs	欧盟 SCCs
9	数据泄露	约定了数据接收方将数据泄露事件通知数据提供方的义务。双方可约定通知的时限。	要求数据接收方采取措施应对数据泄露并减轻其不利影响。数据接收方有义务报告数据泄露事件。根据不同模块和数据泄露导致的风险程度，有不同的报告义务： 在 C2C 模块中，如果数据泄露给个人和数据主体的权利和自由带来风险的可能性高，则数据接收方应通知数据提供方和主管监管机构 在 C2P 和 P2P 模块中，数据接收方应通知数据提供方（如果可行，在 P2P 模块的场景中通知其数据控制者），并协助数据提供方履行其通知义务 （在 P2C 模块中，当数据提供方发生数据泄露时，数据提供方应通知并协助数据接收方
10	违反义务和中止传输	在 C2P 模块中，若数据接收方违反其在 MCCs 或适用法律项下的义务，数据提供方有权中止数据传输	若数据接收方违反 SCCs，数据提供方必须中止数据传输
11	数据传输影响评估	无数据传输风险评估的要求 数据提供方应确保数据接收方具备符合适用数据保护法律的合理和适当的技术、管理、运营和物理措施。但没有要求各方评估和落实该等措施 无监测数据接收方所在国发展变化的要求	有数据传输影响评估（DTIA）的要求：DTIA 包括对数据传输目的地国家 / 地区的法律和惯例的详细评估。双方应评估传输相关的风险。例如，公共机构访问个人数据的风险，以及数据主体有效行使其权利的可能性。如果评估确定个人数据没有得到 SCCs 规定的保障措施的充分保护，则应采取补充措施 ● 对第三国的评估：数据提供方应评估在具体的传输场景中，第三国的法律和 / 或惯例是否可能影响已采取的适当保障措施的有效性 ● DPIA 中应考虑传输的具体情况，并满足必要性的测试

续表

<table>
<tr><th>序号</th><th>对比项</th><th>东盟 MCCs</th><th>欧盟 SCCs</th></tr>
<tr><td>11</td><td>数据传输影响评估</td><td>无</td><td>● 数据提供方可采取基于风险导向的方法开展 DPIA。同时需要结合其他相关的客观因素进行整体评估
● 额外的措施：如果第三国的立法不能保证与欧盟法律框架项下的保护水平相当，则可以采取技术、合同（即附加条款）和组织措施（即具体政策和程序）等额外的措施
● 监测：没有规定什么条件下需要重新进行评估。但在 2020 年 1 月的建议中，欧洲数据保护委员会表示，在数据接收国的发展变化可能会影响到已经作出的数据传输影响评估和决定的情况下，数据提供方应持续关注接收个人数据的第三国的发展</td></tr>
<tr><td rowspan="2">12</td><td rowspan="2">标准合同条款的备案要求</td><td colspan="2">无备案要求。</td></tr>
<tr><td>如果东盟成员国的国内立法要求数据提供方向当地主管机构备案数据传输协议，数据提供方可使用 MCCs 进行备案</td><td>无</td></tr>
<tr><td>13.</td><td>监管机构</td><td>没有确定 / 识别监管机构的条款。MCCs 性质上属于自愿选择采用的一类合同条款，成员国国内的数据保护法律仍适用于相关签约方</td><td>在 C2C、C2P 和 P2P 模块中，需要基于数据提供方的所在国和相关情况确定位于欧盟成员国的数据保护监管机构
在 P2C 模块中，无须确定数据保护监管机构。允许数据主体向其经常居住地或工作地点所在国的位于欧盟的数据保护机构投诉</td></tr>
</table>

附录 7：欧盟 Cyber Resilience 全貌简表

在 GDPR 之后，欧盟在 2022 年至 2024 年密集出台了一系列与网络弹性和数据保护相关的法律法规，以支持和帮助实现欧洲数据战略[⑧]和塑造欧洲的数字未来[⑨]等目标和愿景。我们梳理了欧盟在网络弹性、数据安全与个人信息保护全貌的一个简略表，可以作为研究欧盟数据合规下半场的参考和起点。

No.	Legislations	Date
1	The Cyber Solidarity Act（Regulation（EU）2025/38） Establish EU-wide cyber emergency response and preparedness mechanisms. Focus on operational response at the EU level through initiatives like the Cybersecurity Emergency Mechanism and the EU Cybersecurity Reserve.	Issuance date： 19 December 2024 Date of entry into force： 4 February 2025
2	Assessing the impact of the current EU cybersecurity framework， and particularly the NIS 2 Directive （from ENISA） Aim at providing policy makers with evidence to assess the effectiveness of the existing EU cybersecurity framework specifically through data on how the NIS Directive has influenced cybersecurity investments and overall maturity of organizations in scope.	—

⑧ 欧洲数据战略旨在创建一个统一的数据市场，以确保欧洲的全球竞争力和数据主权。该战略提出了一系列政策措施和投资，以促进数据经济的发展，强调需要解决若干问题：数据可用性(特别是在政府与企业、企业与企业、企业与政府以及政府与政府数据共享的背景下)；市场力量的不平衡(涉及云服务或数据基础设施提供商，或大型在线平台)；数据互操作性和质量；数据治理；数据基础设施和技术的依赖性；赋予个人行使其数据权利的能力；数字技能和数据素养，以及网络安全。具体可参见A European strategy for data：https://digital-strategy.ec.europa.eu/en/policies/strategy-data，以及A European Strategy for Data – In "A Europe Fit for the Digital Age"：https://www.europarl.europa.eu/legislative-train/theme-a-europe-fit-for-the-digital-age/file-european-data-strategy.

⑨ 参见Shaping Europe's digital future：https://commission.europa.eu/strategy-and-policy/priorities-2019-2024/europe-fit-digital-age/shaping-europes-digital-future_en#benefits-of-the-eus-digital-strategy。

续表

No.	Legislations	Date
2	Intend to capture a pre-implementation snapshot of the relevant metrics for new sectors and entities in scope of NIS 2 to help future assessments of the impact of NIS 2. Provide insights into the readiness of entities to comply with new requirements introduced by key horizontal（e.g. CRA）and sectorial（e.g. DORA， NCCS）legislation， while also exploring the challenges they face.⑩	Publication date： 22 November 2024
3	The Cyber Resilience Act（Regulation（EU）2024/2847） Cover all products （hardware and software）with digital elements， with certain exceptions. Product list： based on criticality and the level of cybersecurity risk the product poses. Automatic security updates as a separate functionality. Enough information about security properties.	Issuance date： 23 October 2024 Date of entry into force： 10 December 2024 Implementation Timeline： 11 June 2026： Provisions on notification of conformity assessment bodies become applicable. 11 September 2026： Reporting obligations concerning actively exploited vulnerabilities and severe incidents come into effect. 11 December 2027： Full application of all remaining requirements of the Regulation.
4	The first implementing regulation on NIS 2 Directive Commission Implementing Regulation（EU）2024/2690 of 17 October 2024 laying down rules for the application of Directive（EU）2022/2555 （the NIS 2 Directive）as regards technical and methodological requirements of cybersecurity risk-management measures.⑪	Issuance date： 17 October 2024 Date of publication in the Official Journal： 18 October 2024 Date of entry into force： 7 November 2024

⑩ Cyber Risk GmbH. The NIS 2 Directive \| Updates，Compliance [EB/OL]. [2025-05-04]. https：//www.nis-2-directive.com/.

⑪ Cyber Risk GmbH. The NIS 2 Directive \| Updates，Compliance [EB/OL]. [2025-05-04]. https：//www.nis-2-directive.com/.

续表

No.	Legislations	Date
5	Network and Information Security Directive（"NIS 2 Directive"，Directive（EU）2022/2555） To establish a high common level of security for network and information systems. The EU's baseline framework for cybersecurity risk management and incident reporting for essential and important entities. It expands the scope of the original NIS Directive，making cybersecurity obligations mandatory for a broader range of sectors.⑫ Replace the original NIS Directive（2016）.	Issuance date：14 December 2022 Date of publication in the Official Journal：27 December 2022 Date of entry into force：16 January 2023 Implementation Timeline： By 17 October 2024：EU Member States shall adopt and publish the measures necessary to comply with the NIS 2 Directive. From 18 October 2024：These national measures became applicable，and the original NIS Directive（Directive 2016/1148）was repealed.
6	The Critical Entities Resilience Directive（"CER Directive"，Directive（EU）2022/2557） To address in a comprehensive manner the resilience of those entities that are critical for the proper functioning of the internal market.⑬ Strengthen the resilience of critical infrastructure to a range of threats，including natural hazards，terrorist attacks，insider threats，or sabotage. Cover critical entities in 11 sectors，such as energy，transport，banking，financial market infrastructures，health，drinking water，wastewater，digital infrastructure，public administration，space and food.⑭ Repeal Council Directive 2008/114/EC（the European Critical Infrastructure Directive of 2008）.	Issuance date：14 December 2022 Date of publication in the Official Journal：27 December 2022 Date of entry into force：16 January 2023 Implementation Timeline： By 17 October 2024：Member States shall adopt and publish the measures necessary to comply with the CER Directive. From 18 October 2024：These national measures became applicable. By 17 January 2026：Member States shall adopt a national strategy to enhance the resilience of critical entities. By 17 July 2026：Member States shall identify the critical entities.

⑫ Cyber Risk GmbH. The NIS 2 Directive | Updates，Compliance [EB/OL]. [2025-05-04]. https：//www.nis-2-directive.com/.

⑬ Cyber Risk GmbH. Critical Entities Resilience Directive (CER)| Updates，Compliance [EB/OL]. [2025-05-04]. https：//www.critical-entities-resilience-directive.com/.

⑭ European Commission. CER and NIS-2 Directives enter into force to strengthen EU's Resilience [EB/OL]. (2022-10-26)[2025-05-04]. https：//ec.europa.eu/newsroom/cipr/items/764849/en.

续表

No.	Legislations	Date
7	Digital Operational Resilience Act ("DORA", Regulation (EU) 2022/2554) Tailored to the financial sector, aiming to enhance ICT risk management for banks, insurance companies, and investment firms. It establishes strict cybersecurity and resilience requirements for financial institutions, as well as reporting and testing obligations for third-party ICT service providers.⑮	Issuance date: 14 December 2022 Date of publication in the Official Journal: 27 December 2022 Date of entry into force: 16 January 2023 Date of Implementation: 17 January 2025
8	The Data Governance Act ("DGA", Regulation (EU) 2022/868) Seek to increase trust in data sharing, strengthen mechanisms to increase data availability and overcome technical obstacles to the reuse of data. Facilitate data sharing across sectors and EU countries, to leverage the potential of data for the benefit of EU citizens and businesses.⑯	Issuance date: 30 May 2022 Date of publication in the Official Journal: 3 June 2022 Date of entry into force: 23 June 2022 Date of Implementation: 24 September 2023
9	The Data Act ("DA", Regulation (EU) 2023/2854) It is the Regulation on harmonized rules on fair access to and use of data. The relation between DGA and DA: DA complements DGA.⑰	Issuance date: 13 December 2023 Date of publication in the Official Journal: 22 December 2023 Date of entry into force: 11 January 2024 Date of Implementation: The DA shall apply from 12 September 2025. The obligation resulting from Article 3 (1) shall apply to connected products and the services related to them placed on the market after 12 September 2026.

⑮ Cyber Risk GmbH. The NIS 2 Directive | Updates, Compliance [EB/OL]. [2025-05-04]. https://www.nis-2-directive.com/.

⑯ European Commission. European Data Governance Act | Shaping Europe's digital future [EB/OL]. (2024-10-10)[2025-05-04]. https://digital-strategy.ec.europa.eu/en/policies/data-governance-act.

⑰ European Commission. Data Act | Shaping Europe's digital future [EB/OL]. (2024-10-10)[2025-05-04] https://digital-strategy.ec.europa.eu/en/policies/data-act.

续表

No.	Legislations	Date
9	DA makes more data available for use， and sets up rules on who can use and access what data for which purposes across all economic sectors in the EU.⑱ Amend Regulation （EU）2017/2394 and Directive （EU）2020/1828.	Chapter Ⅲ shall apply in relation to obligations to make data available under Union law or national legislation adopted in accordance with Union law， which enters into force after 12 September 2025. Chapter Ⅳ shall apply to contracts concluded after 12 September 2025. Chapter Ⅳ shall apply from 12 September 2027 to contracts concluded on or before 12 September 2025 provided that they are： （a）of indefinite duration； or （b）due to expire at least 10 years from 11 January 2024.
10	The Digital Markets Act （"DMA"， Regulation （EU）2022/1925） Establish a set of clearly defined objective criteria to qualify a large online platform as a "gatekeeper" and ensures that they behave in a fair way online and leave room for contestability. Establish obligations for gatekeepers， "do's" and "don'ts" they must comply with in their daily operations.⑲	Issuance date： 14 September 2022 Date of publication in the Official Journal： 12 October 2022 Date of entry into force： 1 November 2022 Date of Implementation： The DMA shall apply from 2 May 2023. However， Article 3（6）and （7）and Articles 40， 46， 47， 48， 49 and 50 shall apply from 1 November 2022 and Article 42 and Article 43 shall apply from 25 June 2023. Nevertheless， if the date of 25 June 2023 precedes the date of application referred to in the second paragraph of this Article， the application of Article 42 and Article 43 shall be postponed until the date of application referred to in the second paragraph of this Article.

⑱ Cyber Risk GmbH. EU Data Act | Updates，Compliance [EB/OL]. [2025-05-04]. https：//www.eu-data-act.com/.

⑲ European Commission. The Digital Markets Act：ensuring fair and open digital markets[EB/OL]. [2025-05-04]. https：//commission.europa.eu/strategy-and-policy/priorities-2019-2024/europe-fit-digital-age/digital-markets-act-ensuring-fair-and-open-digital-markets_en.

续表

No.	Legislations	Date
11	The Digital Services Act （"DSA"，Regulation（EU）2022/2065） The DSA regulates online intermediaries and platforms such as marketplaces，social networks，content-sharing platforms，app stores，and online travel and accommodation platforms. Its main goal is to prevent illegal and harmful activities online and the spread of disinformation.[20] After the DSA，platforms will not only have to be more transparent，but will also be held accountable for their role in disseminating illegal and harmful content.[21]	Issuance date：19 October 2022 Date of publication in the Official Journal：27 October 2022 Date of entry into force：16 November 2022 Date of Implementation： The DSA shall apply from 17 February 2024. However，Article 24（2），（3）and（6），Article 33（3）to（6），Article 37（7），Article 40（13），Article 43 and Sections 4，5 and 6 of Chapter IV shall apply from 16 November 2022.
12	The Cybersecurity Act（Regulation（EU）2019/881） Aim to achieve a high level of cybersecurity，cyber resilience and trust in the EU by setting: objectives，tasks and organizational matters for a strengthened and renamed European Union Agency for Cybersecurity（ENISA），with a new permanent mandate； a framework for voluntary European cybersecurity certification schemes for Information and communications technology（ICT）products，services and processes.[22]	Issuance date：17 April 2019 Date of publication in the Official Journal：7 June 2019 Date of entry into force：27 June 2019 Date of Implementation：Articles 58，60，61，63，64 and 65 shall apply from 28 June 2021

⑳ European Commission. The Digital Services Act – Ensuring a safe and accountable online environment[EB/OL]. [2025-05-04]. https：//commission.europa.eu/strategy-and-policy/priorities-2019-2024/europe-fit-digital-age/digital-services-act_en.

㉑ Cyber Risk GmbH. Digital Services Act（DSA）| Updates，Compliance[EB/OL]. [2025-05-04]. https：//www.eu-digital-services-act.com/.

㉒ European Commission. Cybersecurity Act[EB/OL]. [2025-05-04].https：//certification.enisa.europa.eu/about-eu-cyber-certification/eu-regulatory-context/cybersecurity-act_en.

续表

No.	Legislations	Date
13	The General Data Protection Regulation（“GDPR”，Regulation（EU）2016/679） It is the Regulation on the protection of natural persons with regard to the processing of personal data and on the free movement of such data. Repeal the Directive 95/46/EC.	Issuance date：27 April 2016 Date of publication in the Official Journal：4 May 2016 Date of entry into force：24 May 2016 Date of Implementation：25 May 2018

主编说明

【法律时效性提示】本书中引用的法律法规和政策可能会动态更新和变化。本书出版后，若相关法律法规和政策发生修订或变化，本书相关内容可能会与最新生效的法律法规和政策存在偏差。建议读者通过官方或权威渠道了解相关法律法规和政策的最新信息。

【法律引用准确性提示】本书已尽可能确保对相关法律法规和政策引用的准确性，尽管如此，因法律法规和政策未全部公开、数据来源等原因，我们无法完全保证本书对相关法律法规和政策的引用均完整和准确。

【非法律意见声明】本书内容不代表任何机构或个人的正式法律意见。读者在实务中需结合具体情况咨询专业人士，不应直接引用本书内容替代具体个案的法律分析和其他专业意见。

【案例使用限制声明】本书中关于案例的分析和建议均为进行说明之用，仅供讨论。请勿将本书案例直接套用到其他案件或项目上。

【作者观点独立性声明】本书中的全部观点和结论仅代表主编的个人观点和见解，不代表主编、副主编、顾问和编委会成员所在机构、企业和单位的观点和立场，也不代表参编单位和出版机构的观点和立场。